Die schönsten Ausflüge ins Grüne

ENTDECKE
DEUTSCHLAND

INHALT

ZU FUSS UNTERWEGS
DIE SCHÖNSTEN WANDERWEGE
AB SEITE 18

VORBEIZIEHENDE LANDSCHAFTEN
ERLEBNISFAHRTEN MIT DER EISENBAHN
AB SEITE 62

MIT DEM RAD AUF TOUR
DIE BELIEBTESTEN STRECKEN AM WASSER
AB SEITE 106

NATURSCHAUSPIELE
SPEKTAKULÄRE AUSSICHTSPUNKTE
UND PANORAMASTRECKEN
AB SEITE 150

Das ausführliche Tourenverzeichnis mit Karte
finden Sie auf den Seiten 16 und 17.

ALLE TOUREN AUF EINEN BLICK

WANDERN
- 01 Strandvogt-Törn | 20
- 02 66-Seen-Weg | 24
- 03 Rothaarsteig | 28
- 04 Rennsteig | 32
- 05 Malerweg | 38
- 06 Frankenweg | 42
- 07 Rodalber Felsenweg | 44
- 08 Westweg | 46
- 09 Schluchtensteig | 50
- 10 Maximiliansweg | 56

BAHNFAHRTEN
- 11 Hamburg – Westerland | 64
- 12 Bahnwandern im Harz | 70
- 13 Dresden – Schöna | 74
- 14 Koblenz – Pünderich | 78
- 15 Mainz – Koblenz – Bonn | 82
- 16 Dresden – Nürnberg | 86
- 17 Stuttgart – Ulm | 90
- 18 München – Lindau | 92
- 19 Den Schwarzwald erleben | 98
- 20 München – Berchtesgaden | 102

RADTOUREN
- 21 Ostseeküsten-Radweg | 108
- 22 Elbe-Radweg | 112
- 23 Weser-Radweg | 116
- 24 Spree-Radweg | 120
- 25 Oder-Neiße-Radweg | 124
- 26 Lahntal-Radweg | 128
- 27 Main-Radweg | 130
- 28 Altmühltal-Radweg | 134
- 29 Donau-Radweg | 138
- 30 Bodensee-Königssee-Radweg | 144

NATURSCHAUSPIELE
- 31 Rotes Kliff | 152
- 32 Amrumer Leuchtturm | 156
- 33 Königsstuhl | 160
- 34 Belvedere | 164
- 35 Bastei | 166
- 36 Grosser Inselsberg | 170
- 37 Mettlacher Saarschleife | 174
- 38 Belchen | 176
- 39 Herzogstand | 180
- 40 Königssee und Watzmann | 182

Bildnachweis | 188
Impressum | 192

ZU FUSS UNTERWEGS
DIE SCHÖNSTEN WANDERWEGE

TOUR 01 | SEITE 20 INSEL-HOPPING IM WATTENMEER DER STRANDVOGT-TÖRN IN SCHLESWIG-HOLSTEIN

TOUR 02 | SEITE 24 DAS »WUNDERLAND« VOR BERLIN DER 66-SEEN-WEG IN DER MARK BRANDENBURG

TOUR 03 | SEITE 28 AUF DEM DACH WESTFALENS DER ROTHAARSTEIG IM ROTHAARGEBIRGE

TOUR 04 | SEITE 32 GESCHICHTSTRÄCHTIGER HÖHENWEG DER RENNSTEIG IN THÜRINGEN

TOUR 05 | SEITE 38 AUF DEN SPUREN DER ROMANTIKER DER MALERWEG IN DER SÄCHSISCHEN SCHWEIZ

TOUR 06 | SEITE 42 VOM RENNSTEIG BIS ZUR SCHWÄBISCHEN ALB DER FRANKENWEG IN BAYERN

TOUR 07 | SEITE 44 FELSEN UND HÖHLEN IM TIEFEN WALD DER RODALBER FELSENWEG IM PFÄLZERWALD

TOUR 08 | SEITE 46 KULT-WANDERWEG IM LÄNDLE DER WESTWEG IN BADEN-WÜRTTEMBERG

TOUR 09 | SEITE 50 FELSEN, CANYONS, WASSERFÄLLE DER SCHLUCHTENSTEIG IM SÜDSCHWARZWALD

TOUR 10 | SEITE 56 AUF DEN SPUREN DES BERGSTEIGERKÖNIGS DER MAXIMILIANSWEG IN BAYERN

01

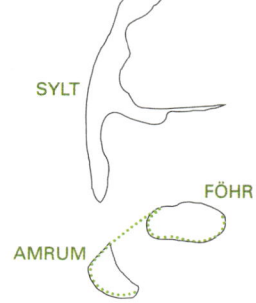

INSEL-HOPPING IM WATTENMEER
DER STRANDVOGT-TÖRN IN SCHLESWIG-HOLSTEIN

Das gibt es wohl nur an der Nordsee: eine Wanderung auf dem Meeresboden! Der größte Sandstrand Nordeuropas lädt zum Baden ein und mit etwas Glück kann man – neben zahllosen anderen Vögeln – Seeadler und Silberreiher beobachten.

Der Strandvogt-Törn von Amrum nach Föhr an bzw. in der Nordsee ist der nördlichste Fernwanderweg Deutschlands. Eine Paradeetappe ist die geführte Wattenwanderung von Insel zu Insel: Dieser Wattenmeer-Klassiker bildet für viele Aktivurlauber den Höhepunkt der Inselferien im schönen Nationalpark Schleswig-Holsteinisches Wattenmeer.

DER WANDERWEG hat keinen festen Verlauf. Da die Nordsee während der Winterstürme Markierungen an den Stränden und im Watt fortreißen würde, kann es keine Ausschilderung geben – Verirren ist dennoch unmöglich, die im Wechsel der Gezeiten vor- und zurückweichende Wasserlinie gibt die zweifelsfrei erkennbare Route vor und bildet die natürliche Markierung.

DIE SCHÖNSTE WANDERZEIT liegt vor und nach der Badehauptsaison, im Frühjahr, wenn die Blumen und Sträucher blühen und Hunderttausende Zugvögel zu den Inseln zurückkehren, oder im Spätsommer, wenn die Heide auf Amrum in einem violetten Blütentraum erstrahlt. Der Fernwanderweg kann auf Amrum und Föhr in verschiedenen Varianten durchwandert werden, weshalb seine Länge unterschiedlich angegeben wird. Unsere 40 Kilometer lange Route folgt fast durchgehend den Nordseeküsten der Inseln und eignet sich auch als Wochenendtour. Wer den Strandvogt-Törn auf die von Salzwiesenanlandungen geprägten Wattenmeerseiten der Inseln ausdehnt, also Amrum und Föhr umrundet, ist etwa doppelt so lang unterwegs.

IM SEEBAD WITTDÜN, dem Tor zur Insel Amrum, beginnt der Strandvogt-Törn. An drei Anlegern wird hier der Fährverkehr zum Festland, zu den Nachbarinseln Föhr und Sylt sowie zu den Halligen und nach Helgoland abgewickelt. Wittdün entstand zu Kaisers Zeiten ab 1890, als an der bis dahin unbesiedelten »weißen Düne« (»witt dün«) an der Südspitze der Insel ein Schiffsanleger und ein Hotel für die Seebadtouristen das Leben auf Amrum völlig veränderten. Bis heute steht die nur übers Wasser erreichbare Insel für Ruhe und Entspannung: Kein Flugplatz, kein Golfplatz, kein Szenerestaurant lenkt ab von der einzigartigen Natur. Die erste Etappe führt von Wittdün zum Wriakhörnsee, über den Kniepsand und über die höchste Aussichtsdüne Amrums ins Seebad Norddorf im Norden der Insel. Amrum ist die waldreichste Nordfriesische Insel und besitzt den größten Sandstrand an der deutschen Nordsee: Der dem Geestrücken vorgelagerte Kniepsand ist mit 10 km² zugleich einer der größten Badestrände Nordeuropas.

DAS HERZSTÜCK des Strandvogt-Törns bildet die Wattwanderung zwischen der Amrumer Odde beim Seebad Norddorf und dem Dunsumer Deich auf Föhr. Diese spannende, gut drei Stunden dauernde Wanderung auf dem Boden des Meeres ist gezeitenabhängig und erfolgt ausschließlich im Rahmen einer Führung: Die Wattwanderungen beginnen etwa

IM WATT zu wandern, das macht auch Kindern Spaß. Auf der Strecke zwischen Amrum und Föhr muss man sich jedoch Führern anvertrauen, die die nicht ungefährlichen Priele und Strömungen genau kennen.

IN KÜRZE

LAGE
Schleswig-Holstein, Nordfriesland

LÄNGE 40 km

BESONDERHEIT
Kniepsand auf Amrum, der größte Sandstrand an der deutschen Nordsee

INFO
Amrum Touristik
Inselstraße 14 b
25946 Amrum
Tel. 04682 9 40 30
www.amrum.de

Tourist-Info Föhr
Am Fähranleger 1
Hafenstr. 23
25938 Wyk auf Föhr
Tel. 04681 3 00
www.foehr.de

HEILENDE LUFT
Das Wandern am Meer ist besonders gesund kurz vor Hochwasser, da dann das Einatmen der mit Jod gesättigten Brandungsluft wie eine Inhalation wirkt.

Die UNESCO hat das Wattenmeer, den flachen Küstensaum der Nordsee vor den Niederlanden, Deutschland und vor Dänemark, zum Weltnaturerbe erklärt: Wanderungen auf den Nordfriesischen Inseln sowie an der Festlandsküste führen durch eine der reizvollsten Landschaften der Erde. Der Nationalpark Schleswig-Holsteinisches Wattenmeer erstreckt sich auf 4410 km² bis zur Ellenbogenspitze auf Sylt, Deutschlands nördlichstem Punkt.

zwei Stunden vor Niedrigwasser, der Kalender mit den Terminen ist bei den Kurverwaltungen erhältlich. Die Wanderung ist leicht, da sie überwiegend durch gut begehbare Sand- und Mischwatten zwischen den Geestpartien der Inseln führt – Geest bezeichnet dabei einen Landschaftstyp, der durch eiszeitliche Sandablagerungen entstanden ist. An einigen Stellen müssen Priele durchwatet werden und nur der Wattführer kennt die Stellen, an denen Wanderer sie gefahrlos durchqueren können.

AUF FÖHR, der Nachbarinsel Amrums, folgt der Strandvogt-Törn der Geestküste bis zum Fährhafen von Wyk, dem ältesten Seebad Nordfrieslands. Riesige Vogelschwärme bevölkern hier die Feuchtgebiete nahe der Küste. Föhr liegt auf der ruhigen Wattenmeerseite: Amrum und Sylt schützen Föhr vor der offenen Nordsee. Föhr ist eine Geest- und Marschinsel, ihre Geestkerne liegen überwiegend im Süden und Südwesten. Hier befinden sich die berühmten Klippen und Sandstrände von Föhr, während sich nach Norden durch Deiche geschützte Marsch erstreckt.

VOM UTERSUMER STRAND im Südwesten Föhrs folgt der Strandvogt-Törn der Wasserlinie südwärts, bis die Küstenlinie nach Osten schwingt zum Naturstrand von Hedehusum am Fuß eines bis zu drei Meter hohen Kliffs. Der Strand endet vorübergehend an der Godelniederung an der Mündung des einzigen »Flusses« auf Föhr; in den Quellerwatten und Strandaster-Salzwiesen der Niederung finden Tausende von Seevögeln ein Rückzugsgebiet. An die Godelniederung schließen die Strände vor dem Goting-Kliff an, auf dem eine Aussichtsplattform und das Gartenrestaurant »Kliff Café« zur Rast einladen. Der einstige Geröllstrand verwandelt sich immer mehr zu feinem Sand und dieser leitet weiter zum Nieblumer Strand vor dem Friesendorf Nieblum. Reetgedeckte Friesenhäuser, Kopfsteinpflasterstraßen und alte Laubbäume prägen den Ort, dessen Wahrzeichen der im 13. Jh. errichtete »Friesendom« ist. Am Ende des Teerdeichs beginnt die Strandpromenade von Wyk, an der durchbrochene Steinskulpturen den Blick zum Amrumer Leuchtturm und zu den Halligen lenken. Am Leuchtturm Olhörn an der Südostspitze der Insel beginnt das Finale des Strandvogt-Törns. Der Strandpromenade vorgelagert sind hölzerne Seebrücken. Der Sandwall ist Wyks Prachtstraße mit Restaurants, Boutiquen und Kureinrichtungen. Nördlich davon ist das Ziel erreicht, der Fährhafen Wyk. ■

DIE WINDMÜHLE VENTI AMICA, die »Freundin des Windes«, ist auf dem letzten Wegabschnitt hinter den Häusern Wyks immer wieder zu sehen. Sie wurde 1879 errichtet, es handelt sich um eine Galerieholländermühle, ein Bautyp, bei dem die Kappe mit den Windflügeln von einer Galerie aus drehbar ist, also immer optimal ausgerichtet werden kann. Wegen ihrer hohen Bauform verfügt die Wyker Mühle über eine Galerie. Bewohnt wurde sie von 1879 bis 1896 von der Föhrer Heimatdichterin Stine Andresen und ihrem Mann. Den Park um die Mühle kann man besuchen, die Mühle selbst ist in Privatbesitz.

Wittdün (Amrum) — 1 km — Wriakhörnsee — 2 km — Kniepsand — 13 km — Norddorf — 2,5 km — Amrumer Odde — 11 km — Dunsumer Deich (Föhr) — 3 km — Hedehusum — 1,5 km — Witsum — 2,5 km — Goting Kliff — 1 km — Nieblum Strand — 3,5 km — Wyk auf Föhr

LINKS Das reetgedeckte Öömrang-Hüs in Nebel auf Amrum beherbergt ein Heimatmuseum.

RECHTS Die ungewöhnlich helle romanische Kirche St.-Johannis in Nieblum, der »Friesendom«, wurde im 13. Jh. erbaut.

RECHTS An den Küsten ist es oft windig, Strandkörbe bieten Schutz – hier auf einem Strandabschnitt der Insel Föhr. Am Rand säumen wilde Rosenbüsche mit ihren roten Blüten und Hagebutten den feinen Sandstrand.

UNTEN Vom Meer her bläst über die flachen Küstenstriche an der Nordsee immer ein frischer Wind, ideal für das Trocknen von Wäsche – die aber gut angeklammert sein muss, damit es sie nicht fortweht.

VOGELPARADIES WATT RASTPLATZ AUF DER ATLANTIKROUTE

Das Watt ist in weiten Teilen Naturschutzgebiet und idealer Rastplatz für zahlreiche Vogelarten, die dort brüten oder Rast machen auf ihrem Zug über den Atlantik. Über 10 Millionen Vögel bevölkern das nährstoffreiche Gebiet, darunter zahlreiche gefährdete Arten. Mehr als ein Viertel der Heringsmöwen weltweit, etwa 50 000, leben im Watt. Zu den häufig anzutreffenden Vogelarten zählen die schwarzgefiederte Trauerente, die Brandseeschwalbe und verschiedene im Watt brütende Möwenarten wie die Lach-, Silber- und Sturmmöwe. Brandgänse, Eider- und Pfeifenten gehören zu den zeitweiligen Gästen. Mit etwas Glück kann man sogar wieder Seeadler und Silberreiher (links im Bild) entdecken – Vogelfreunde sollten unbedingt ein gutes Fernglas mit sich führen.

02

DAS »WUNDERLAND« VOR BERLIN
DER 66-SEEN-WEG IN DER MARK BRANDENBURG

Der umtriebigen Bundeshauptstadt so nah und ihr doch so fern – der Wanderweg umschließt den Großraum Berlins, bietet zahllose Möglichkeiten zu baden, zu entspannen und Natur und Kultur zu erleben, Langeweile ausgeschlossen.

Von der Potsdamer Weltkulturerbe-Landschaft führt der 66-Seen-Weg als Rundwanderweg durch die Naturparks Barnim, Dahme-Heideseen und Nuthe-Nieplitz sowie durch mehrere brandenburgische Regionalparks rund um Berlin – vorbei an weitaus mehr als 66 Seen und Teichen, durch Feuchtgebiete, verschwiegene Bachtäler und Wälder. Dank der guten Anbindung an den öffentlichen Nahverkehr eignet sich der mit dem Zeichen ›Blaupunkt‹ markierte Weg auch hervorragend für Streckenwanderungen.

DER 66-SEEN-WEG beginnt in Potsdam. Startpunkt ist der Luisenplatz am Potsdamer Brandenburger Tor, das 1770 als römischer Triumphbogen am westlichen Stadtausgang nach Sanssouci errichtet wurde. Von hier führt der Weg zu den friderizianischen Park- und Schlossanlagen von Sanssouci, über den Ruinenberg und durch die Russische Kolonie Alexandrowka zum Belvedere auf dem Pfingstberg, der einen schönen Panoramablick über die Potsdamer Schlösser-, Park- und Seenlandschaft gewährt.

ZIEL DER ERSTEN ETAPPE ist Schloss Marquardt am Schlänitzsee. 2009 bildete es die Kulisse für eine Verfilmung von Theodor Fontanes Roman »Effi Briest«. Die Blaue Grotte im Schlosspark wurde im ausgehenden 18. Jh. für Sitzungen der Rosenkreuzer – einem mystisch-antiaufklärerischen Geheimbund – angelegt, an denen auch König Friedrich Wilhelm III. teilnahm. Ab 1823 gestaltete Joseph Peter Lenné den Garten zum Landschaftspark um. Der Herrensitz (1791) erhielt sein heutiges Aussehen ab 1893, als der neue Besitzer Louis Ravené ihn aufstocken und zu einer L-förmigen Anlage mit Tanzsaal (1913) im Ostflügel erweitern ließ.

SCHLOSS, PARK UND DORF PARETZ westlich von Marquardt lohnen einen Abstecher. Sie wurden 1797–1804 von David Gilly als Sommersitz des preußischen Königs Friedrich Wilhelm III. und seiner Frau Luise angelegt und strahlten als Beispiel klassizistischer Landbaukunst überregional aus. Besonders eindrucksvoll sind die ehemaligen königlichen Wohnräume mit ihren wertvollen handgemalten und gedruckten Papiertapeten, auf denen paradiesische Gartenlandschaften dargestellt sind, sowie den Möbeln, Gemälden, Grafiken und Porzellanen aus der Originalausstattung. 2015 wurde die Ausstellung »Paretz – ein königlicher Landsitz um 1800« umfangreich überarbeitet und neu gestaltet. Zu den Exponaten gehören neben Bildnisbüsten der Königin Luise auch luxuriöse Einrichtungsgegenstände aus dem ehemaligen Königlichen Palais in Berlin.

DER NATURPARK BARNIM, eine wald- und seenreiche Hochfläche im Städtedreieck Berlin-Oranienburg-Eberswalde nördlich von Berlin, ist eine Perle am 66-Seen-Weg. Als länderübergreifendes Großschutzgebiet umfasst der Park eine Fläche von 750 km²; in Berlin er-

SCHILFROHR und ein altes Ruderboot – Romantik im Barnimer Land im Norden von Berlin, an einem der vielen Seen im Naturpark.

IN KÜRZE

LAGE Brandenburg

LÄNGE ca. 400 km, in 17 Etappen zwischen 20–30 km

START UND ZIEL Potsdam

BESONDERHEIT Die meisten Etappen sind auch einzeln möglich, da gute Nahverkehrsanbindung an Berlin

INFO TMB Tourismus-Marketing Brandenburg GmbH Am Neuen Markt 1 14467 Potsdam Tel. 0331 2 00 47 47 www.66-seen-weg.de

FÜR KINDER
Besonders interessant und ganzjährig geöffnet ist das Wildgehege Glauer Tal in Trebbin. (www.wildgehege-glau.de)

Der 66-Seen-Weg führt durch alle acht Regionalparks rund um Berlin. Der größte See auf der Route ist der Scharmützelsee, der – nach Fontane – auch ›Märkisches Meer‹ genannt wird. Der etwa 10 km lange See mit den Etappenorten Bad Saarow und Wendisch Rietz befindet sich 60 km südöstlich von Berlin. Scharmützel ist übrigens die eingedeutschte Ableitung eines altslawischen Worts und hat mit ›Handgemenge‹ nichts zu tun.

streckt er sich bis in die Bezirke Pankow und Reinickendorf. Mit rund 40 m hohen Steilstufen, die im Naturschutzgebiet Nonnenfließ-Schwärzetal bei Eberswalde Mittelgebirgscharakter aufweisen, überragt die Barnimhochfläche das Berliner Urstromtal im Süden, die Havelniederung im Westen, das Eberswalder Urstromtal im Norden und das Odertal im Osten. Diesen Landblock zerfurchen eiszeitliche Schmelzwasserrinnen mit zahllosen Seen sowie artenreicher Flora und Fauna. Nonnenfließ, Schwärzetal, Gamengrund und Briesetal gehören zu den schönsten dieser oft schluchtartig eingegrabenen Rinnen. Anders als auf der Hochfläche, auf der neben Acker- und Grünfluren die preußische Kiefer dominiert, entwickelten sich in den Rinnen und an mehreren Seen naturnahe Wälder, so die Erlenbruchwälder im Briese- und im Finowtal, Eichenmischwälder im Kreuzbruch sowie Buchenwälder am Liepnitzsee und in der Barnimer Heide. Station auf dem Weg ist hier Melchow.

SÜDLICH VON BERLIN erschließt der 66-Seen-Weg ein Wandergebiet mit weiten Eichen- und Buchenwäldern, mit romantischen Parks und Schlössern. Im Biosphärenreservat Spreewald führt der Weg durch das Dorf Leibsch, heute ein Ortsteil der Gemeinde Unterspreewald.

Halbe, die nächste Station, liegt im Naturpark Dahme-Heideseen, der sich südöstlich von Berlin auf 594 km² der seen- und waldreichen Grundmoränenlandschaft erstreckt. Namensgeberin ist die im Fläming entspringende Dahme, die den Naturpark von Süd nach Nord durchfließt.

MIT TREBBIN UND SEDDIN erreichen wir den Naturpark Nuthe-Nieplitz. Der südwestlich von Berlin gelegene Park umfasst die Flussniederungen, Seen und bewaldeten Höhenzüge im dünn besiedelten märkischen Zweistromland zwischen Fläming, Zauche und Teltow. Namensgeberinnen sind die im Fläming entspringende Nuthe, die in Potsdam in die Havel mündet, und ihr Zufluss Nieplitz. Feuchtwiesen und breite Schilfgürtel an den flachen Seen des 623 km² großen Naturparks bilden ein Rückzugsgebiet für seltene Pflanzen und Tiere sowie Rast- und Brutplätze für Kraniche und andere Vögel. Der Kranich ist das Wappentier des Naturparks, die Ungeheuerwiesen bei Blankensee sowie der Zauchwitzer Busch bei Stangenhagen sind die bekanntesten Vogelbeobachtungsstätten, die auf dem Weg liegen. Auf Seddin folgt die letzte Etappe der 66-Seen-Tour, die wieder nach Potsdam führt, zum Ausgangspunkt der großen Rundwanderung um die Hauptstadt. ■

DER SCHRIFTSTELLER, DER BRANDENBURG ERWANDERT HAT Der 1819 in Neuruppin geborene Theodor Fontane zählt zu den herausragenden Vertretern des Realismus. Der gelernte Apotheker begann seine schriftstellerische Karriere erst spät. 1859 war er nach Berlin gezogen und erkundete von dort aus in den folgenden Jahren auf zahlreichen Wanderungen Brandenburg. In den dabei verfassten Reisefeuilletons unterstreicht er immer wieder das Märchenhafte der Landschaft.

Potsdam – 20 km – Marquardt – 20 km – Brieselang – 24 km – Hennigsdorf – 24 km – Wensickendorf – 28 km – Melchow – 29 km – Leuenberg – 25 km – Strausberg – 21 km – Rüdersdorf – 22 km – Hangelsberg – 26 km – Bad Saarow – 25 km – Wendisch Rietz – 23 km – Leibsch – 24 km – Halbe – 24 km – Neuendorf am See – 27 km – Wünsdorf – 24 km – Trebbin – 23 km – Seddin – Potsdam

LINKS Der Wesensee im Biosphärenreservat Schorfheide-Chorin.

RECHTS Einer der Salons im Schloss Paretz bei Potsdam mit altem Mobiliar und historischen Bordüren an den Wänden.

RECHTS Schlosspark und Schloss Wiesenburg spiegeln sich im Schlossteich. Das Schloss befindet sich im Naturpark Hoher Fläming westlich von Potsdam in einem Landschaftsschutzgebiet.

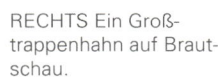

RECHTS Ein Großtrappenhahn auf Brautschau.

UNTEN Dieser Baum mit eindrucksvollem Wurzelgeflecht befindet sich in der Nähe des Liepnitzsees.

GROSSTRAPPEN
FLUGFÄHIGES SCHWERGEWICHT

Etwa 40 km westlich von Brieselang befindet sich im Landkreis Havelland Buckow. Vogelliebhaber aus aller Welt finden sich hier ein, liegt der kleine Ort doch in einem Vogelschutzgebiet der besonderen Art: dem Trappenschongebiet. Die dort heimische Großtrappe zählt mit ihren bis zu 17 kg zu den schwersten flugfähigen Vögeln der Welt. Der ›märkische Strauß‹ gehört zu den Kranichvögeln und ist in Mitteleuropa inzwischen sehr selten – in den Schutzgebieten leben heute nur etwa 100 Tiere. In der Balzzeit zwischen März und Mai plustert sich der Hahn zu einem Federball auf und sein Herzschlag erhöht sich auf bis zu 900 Schläge pro Minute. Doch die Partnerwahl selbst geht von den Hennen aus.

03

AUF DEM DACH WESTFALENS
DER ROTHAARSTEIG IM ROTHAARGEBIRGE

Spätestens, wenn man die schwankende Hängebrücke und die monumentalen Skulpturen mitten im Wald zwischen den Bäumen erlebt hat, versteht man, weshalb der Rothaarsteig den Beinamen ›Weg der Sinne‹ völlig zu Recht trägt.

Mit der Farbe Rot oder gar mit Haaren hat ›Rothaar‹ im Namen des Gebirges nichts zu tun. Vielmehr bedeutet er ›Gerodetes Wald-Gebirge‹, was angesichts der großen Waldgebiete allerdings in die Irre führt. Der Rothaarsteig verbindet als Höhenweg des Rothaargebirges die Panoramaberge und landschaftlich schönsten Bergheiden Nordrhein-Westfalens im ›Land der 1000 Berge‹ sowie die Quellen von Möhne, Ruhr, Netphen, Sieg, Lahn, Eder und Dill. Von Brilon, dem Luft- und Kneippkurort im östlichen Sauerland, führt er über den Kahlen Asten und durch die Wälder des Rothaarkamms in die Oranierstadt Dillenburg im hessischen Dilltal.

IM JAHR 2001 wurde der Rothaarsteig als erster moderner Wanderweg dieser Länge in Deutschland eröffnet. Der Wanderweg rückte unter dem Slogan ›Weg der Sinne‹ Naturnähe in den Vordergrund Erlebnisstationen machen Naturschutz, Forstwirtschaft und Tourismus erfahrbar, darunter Kunst-Erlebnisstationen wie der Waldskulpturenweg mit monumentalen Plastiken mitten im Wald. Als Erlebnisstationen wurden dort selbst die Sitzmöbel gestaltet: Sie haben die Form eines liegenden geschwungenen Rothaarsteig-›R‹ und sind so bequem, dass so mancher Wanderer darauf friedlich, begleitet vom Rauschen des Waldes, eingeschlafen ist. Innerhalb kürzester Zeit avancierte der Rothaarsteig im Übrigen zum beliebtesten Fernwanderweg Deutschlands.

DER ROTHAARSTEIG beginnt in Brilon. Der hervorragende Blick auf das Tal der jungen Ruhr vom archäologischen Gelände Borbergs Kirchhof, dem ›Friedensberg‹ des Sauerlands, sowie die wechselnden Ausblicke auf die Bruchhauser Steine, deren natürlicher Festungscharakter sich am eindrucksvollsten aus der Perspektive im Hang des Ginsterkopfs zeigt, zählen zu den Höhepunkten der ersten Etappe. Wer trittsicher ist, wählt bei klarer Sicht die steile ›Klettervariante‹ über den Ginsterkopfkamm; sie besticht durch die Urtümlichkeit des Kammpfads ebenso wie durch einmalige Ausblicke.

VOM DORF BRUCHHAUSEN schwingt sich der Rothaarsteig in die höchste Gebirgsregion Westfalens hoch: Der Langenberg (843 m) auf der westfälisch-hessischen Grenze ist die höchste Erhebung Nordrhein-Westfalens und des Sauerlandes. Er überragt den Hegekopf (843 m) auf der hessischen Seite des Rothaargebirges um 18 cm. Eine improvisierte ›Gipfelpyramide‹ markiert diesen höchsten Punkt am Rothaarsteig. Weiter geht es zum Neuen Hagen, der größten Bergheide Westdeutschlands. Das 74 ha große Naturschutzgebiet liegt auf rund 800 m Höhe weitab von Siedlungen auf einem Südausläufer des Langenbergmassivs. Der größte Heidekomplex Nordrhein-Westfalens ist ein Biotopverbund aus flachwelligen Heideflächen, Hangquellmooren, Kleinseggenriedern, Quellen und Borstgrasrasen. Die Vegetation besteht überwiegend aus Bergheidepflanzen, Krüppelkiefern, Birken,

IM SCHATTEN von Bäumen, inmitten ursprünglicher Natur, wandert man auf dem Rothaarsteig, dem ›Weg der Sinne‹, durch eine der schönsten Waldgebirgslandschaften Deutschlands.

IN KÜRZE

LAGE Nordrhein-Westfalen, Hessen

LÄNGE 154 km, verteilt auf bis zu 12 Etappen

START Brilon (412 m) in Nordrhein-Westfalen

ZIEL Dillenburg (232 m) in Hessen

HÖCHSTER PUNKT Langenberg (843 m), höchster Berg Nordrhein-Westfalens

INFO Rothaarsteigverein e. V. Johannes-Hummel-Weg 2 57392 Schmallenberg Tel. 02974 4 99 4163 www.rothaarsteig.de

LITERATUR Wanderführer Sauerland mit Rothaarsteig, KOMPASS Verlag 2019

WILDE BISONS
Das größte Landsäugetier Europas, der fast ausgestorbene Wisent, wurde im Jahr 2013 im Rothaargebirge wieder ausgewildert.

Die 53 km lange Westerwaldvariante ergänzt den Rothaarsteig um eine Panoramatour über die Fuchskaute, den höchsten Berg des Westerwalds im Dreiländereck von Nordrhein-Westfalen, Rheinland-Pfalz und Hessen. Sie wartet mit Fernblicken bis hin zum Taunus und zum Siebengebirge auf und kann in Kombination mit dem südlichen Rothaarsteig-Hauptweg als eigene Rundtour durchwandert werden.

Ebereschen und Zitterpappeln, im Osten wachsen niedrige Buchen mit halbkugel- bis kegelförmiger Krone.

DER KAHLE ASTEN (842 m) ist der Panorama-, Ausflugs- und Wintersportberg des Sauerlandes. Vom Astenturm, der als Aussichtsturm, Restaurant und höchstgelegene Wetterstation Nordrhein-Westfalens fungiert, und dem Berghotel »Kahler Asten« am Rothaarsteig strahlen Wanderwege in alle Himmelsrichtungen aus. Der Rothaarsteig führt durch die Bergheide auf dem Gipfelplateau mit Panoramablick über das Hochsauerland. Am Rand dieser Heide entspringt die Lenne, ein Nebenfluss der Ruhr und die Hauptwasserader des Hochsauerlandes. Der Lenne verdankt der Astenberg seinen Namen: ›a-sten‹ bedeutet ›Wasser-Stein‹. Ab dem Mittelalter trieben die Bergbauern ihre Kühe, Ziegen und Schafe auf den damals mit Rotbuchen bewachsenen Astenberg. Der Verbiss der jungen Bäume durch das Vieh stoppte die natürliche Waldverjüngung, der Asten wurde ›kahl‹. Seit 1965 steht die Astenheide unter Naturschutz – ein Pflanzen- und Aussichtsparadies vom Feinsten. Auch heute noch wird die Hochheide mindestens einmal jährlich von einer Heidschnuckenherde beweidet: Die Schafe verbeißen angeflogene Bäume und halten die Heide offen.

DER ROTHAARKAMM gibt die weitere Route des Rothaarsteigs vor. Der fast durchgehend bewaldete und weitgehend siedlungsfreie, beidseits steil abfallende Kamm gipfelt im 756 m hohen Härdler und bildet seit Beginn der geschichtlichen Überlieferung eine wichtige Grenze: Dialekt, Architektur der Bauernhöfe, Kreisgrenzen, historische Schnadesteine (Grenzsteine) und Reste von Demarkationslinien wie das Kölsche Heck, katholische Gotteshäuser nördlich und evangelische südlich des Kamms zeugen bis heute davon.

EIN GUTER EINSTIEGSPUNKT zum Rothaarsteig für Familien ist der Weiler Kühhude auf dem Rothaarkamm: Nur wenige Gehminuten entfernt befindet sich die Hängebrücke, die berühmteste Erlebnisstation des Rothaarsteigs. Am Westerberg beim Rhein-Weser-Turm schwingt der Rothaarkamm nach Süden; dort markiert der Dreiherrenstein ein Dreiländereck, an dem die Territorien der Herren von Kurköln, Nassau-Siegen und Wittgenstein aneinanderstießen. Der Rhein-Weser-Turm bietet einen Panoramablick über die Südsauerland- und Siegerlandberge. Weiter geht es zur Ginsburg, zur Lahnquelle und hinter Wilgersdorf dann entweder direkt oder auf der westlichen Variante über die Fuchkaute (656 m) nach Dillenburg. ■

NERVENKITZEL IN LUFTIGER HÖHE Für Familien mit Kindern ist der Einstieg über den Parkplatz (mit Gastronomie) am Weiler Kühhude ideal (erreichbar von Bad Berleburg). Auf dem dort beginnenden Erlebnispfad verdeutlichen Schaukästen, was in den verschiedenen Schichten des Waldbodens lebt. Den Höhepunkt bildet die 40 m lange, schwingende Hängebrücke über einen Taleinschnitt, auf der man sich vorkommt wie in einem südamerikanischen Urwald.

LINKS Skulpturen wie dieser mächtige Krummstab aus Stahl säumen den Waldskulpturenweg, der bei Kühhude den Rothaarsteig kreuzt.

RECHTS Markierungssteine mit dem liegenden R stellen sicher, dass der Wanderer nicht vom Weg abkommt.

GANZ UNTEN Der 1872–75 errichtete Wilhelmsturm ist das Wahrzeichen der Stadt Dillenburg. Er ist ein Denkmal für Wilhelm I. von Oranien, der als Gründer der Niederlande gilt und in Dillenburg 1533 zur Welt kam.

ARCHAISCHE FESTUNG
DIE BRUCHHAUSER STEINE

Die Bruchhauser Steine am Rothaarsteig (Bild oben) sind das bedeutendste Felsensemble und die gewaltigste vorgeschichtliche Festungsanlage im Rothaargebirge. Wie die Türme einer gigantischen Burg ragen die vier höchsten dieser bis zu 92 m über einem Tal aufragenden Felsen aus Vulkangestein aus den Wäldern des Istenbergs. Zu Füßen der Felsen fand man Reste einer Fluchtburg aus der mittleren Eisenzeit (6. bis 3. Jh. v. Chr.).

04

GESCHICHTSTRÄCHTIGER HÖHENWEG
DER RENNSTEIG IN THÜRINGEN

Der einstige Kurierpfad bildete die Grenzlinie zwischen den Thüringer Kleinstaaten. Auf fast 170 Kilometern durchquert er gleich drei Mittelgebirge: den Thüringer Wald, das Thüringer Schiefergebirge und den Frankenwald.

Der Rennsteig ist einer der traditionsreichsten Fernwanderwege Deutschlands: Als ›Rynnestig‹ wird er im Jahr 1330 erstmals schriftlich erwähnt, das Wort ›rynne‹ bedeutete im Mittelalter ›sich rasch bewegen‹, das Wort ›stig‹ bezeichnete einen ansteigenden Bergpfad. Von Hörschel bei der Wartburgstadt Eisenach führt der Weg über den Kamm des Thüringer Waldes und die Hochfläche des Thüringer Schiefergebirges sowie durch den Frankenwald und endet schließlich in Blankenstein an der Saale.

DIE STILLE DER WÄLDER, die ins Unendliche reichenden Aussichten von Bergen und Felsinseln hoch über den Niederungen, der reiche Blumenschmuck der unter Naturschutz stehenden Wiesen und Hochweiden, fachwerkverzierte Häuser, das Röhren der Hirsche in den Herbstnächten, Einkehr und Übernachtung auf einer Hütte oder im Gasthaus in einem Dorf haben den Ruf des Rennsteigs als Top-Wanderweg in den deutschen Mittelgebirgen begründet.

DA VIELE STÄTTEN am Rennsteig Brennpunkte deutscher Sagen und Kultur sind, ist er zugleich ein Weg voller Geschichte und Geschichten: von Räubern, Rittern und Wegelagerern, von Zwergen, weißen Jungfrauen und Hexen, von Bonifatius und Luther, der in der Wartburg dem Teufel ein Tintenfass an den Kopf warf, von Napoleon und Goethe. Zuhauf begegnen einem sagenumwobene Felsen, Quellen und Grotten, Gustav Freytag lässt in seinem thüringischen Romanzyklus »Die Ahnen« (geschrieben zwischen 1873–1881) den Altar des ›Donnerers‹ Donar auf dem Gipfel des Donnershauk (893 m) beim heutigen Wintersportort Oberhof stehen. Mythos, Geschichte, Sage: Auf dem Rennsteig vermischen sich Naturschönheit und Kultur zu einem Ganzen, das selbst zum Mythos geworden ist – zum Mythos Rennsteig.

DEN THÜRINGER WALD prägen einerseits Burgen, Schlösser, Parks und Alleen sowie das Heilklima und Glanzorte deutscher Kultur und Geistesgeschichte und andererseits natürliche Felsszenerien, Schluchten, Hochwiesen und romantische Talgründe, sagenumwobene Höhlen, Quellen und Moore.

KEILFÖRMIG ZUGESPITZT steigt der Thüringer Wald im Mündungswinkel von Hörsel und Werra zu einem fast durchgehend bewaldeten, in den Hochlagen kaum besiedelten Kammgebirge auf, das auf einer Länge von rund 80 km nach Südosten streicht und am Langen Berg in das Thüringer Schiefergebirge übergeht. Steil hoben Erdkräfte vor Jahrmillionen ein Schollenstück über die Umgebung hinaus, die von Bruchkanten begleiteten Steilabfälle prägen das Landschaftsbild, Wildbäche und Flüsse haben die Scholle fast vollständig in Schluchten und Täler zerteilt, als First ist der Hauptkamm übrig geblieben: Hier finden sich mit den Vulkangesteinshärtlingen Inselsberg (916 m), Beerberg (982 m) und

SAGEN umranken die gurgelnden, naturbelassenen Quellen, Bäche und Grotten am Rennsteig, dem einstigen Kurierweg zwischen den Thüringer Kleinstaaten.

IN KÜRZE

LAGE Thüringen, Naturparks Thüringer Wald und Thüringer Schiefergebirge

LÄNGE 168 km verteilt auf 8 Etappen

START Hörschel bei Eisenach

ZIEL Blankenstein an der Saale

BESONDERHEIT Rennsteiggarten bei Oberhof mit über 4000 Pflanzenarten aus den alpinen Regionen aller Welt (geöffnet Ende April–Oktober)

INFO Rennsteigverein Gartenstr. 13 96199 Zapfendorf www.rennsteigverein.de

LITERATUR DuMont Wanderführer Rennsteig, KOMPASS Verlag 2020

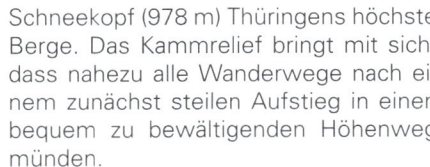

IN DIE PEDALE
Auf dem Rennsteig-Radwanderweg werden allzu steile Abschnitte umfahren, deshalb ist er etwa 30 km länger als der Wanderweg.

An einem Abend im September 1780 kritzelte Johann Wolfgang von Goethe eines seiner später berühmtesten Gedichte mit Bleistift an die Holzwand seiner Wanderunterkunft, der Jagdaufseherhütte auf dem Kickelhahn bei Ilmenau:
»Über allen Gipfeln
Ist Ruh,
In allen Wipfeln
Spürest du
Kaum einen Hauch;
Die Vögelein
schweigen im
Walde.
Warte nur, balde
Ruhest du auch.«

Schneekopf (978 m) Thüringens höchste Berge. Das Kammrelief bringt mit sich, dass nahezu alle Wanderwege nach einem zunächst steilen Aufstieg in einen bequem zu bewältigenden Höhenweg münden.

DER RENNSTEIG leitet im Wechsel aus bequemen Waldwegen und naturnahen Gras- und Wurzelpfaden auf dem Kamm des Thüringer Waldes über die höchsten Höhen Thüringens, erreicht beim Wintersportort Masserberg den Naturpark Thüringer Schiefergebirge Obere Saale und durchquert ab der Schildwiese den bayerischen Naturpark Frankenwald, ehe er nach insgesamt 168 km in Blankenstein an der Saale endet.

EIN HOLZSCHILD neben zwei Linden markiert den Beginn des Rennsteigs an seinem nördlichsten und tiefsten Punkt (196 m über Meereshöhe) an der Mündung der Hörsel in die Werra. Für viele Wanderer besteht das Startritual darin, den Wander- oder Trekkingstab hier ins Wasser zu tauchen, einen Stein vom Ufer mitzunehmen, ihn einzustecken und die Geister des Waldgebirges um gutes Gelingen zu bitten. Wer den Rennsteig schließlich in voller Länge durchwandert hat, wirft den Stein aus der Werra am Ende des Rennsteigs in Blankenstein in die Saale.

WER IN HÖRSCHEL BEI EISENACH startet und den Rennsteig von West nach Ost durchwandert, hat mehrere Etappen vor sich, bei denen der Kammweg geblieben ist, was das Rennsteiglied Victor von Scheffels ihm bescheinigt: »Ein deutscher Bergpfad ist's! Die Städte flieht er und keucht zum Kamm des Waldgebirgs hinauf...« Die westlichen Etappen von Hörschel über den Großen Inselsberg zur Ebertswiese und über den Großen Beerberg zur Schmücke gelten als die attraktivsten. Sie führen überwiegend durch Wald, während sich das Schiefergebirge als Kulturland präsentiert und sich die östlichen Etappen wegen der vergleichsweise geringen Anstiege und der zahlreichen Straßen hervorragend für Radwanderungen eignen.

DIE MARKIERUNG des Rennsteigs ist ein weißes ›R‹, ›Mareile‹ genannt (nach der Tochter eines Försters im Gast- und Forsthaus »Weidmannsheil«, in dem der Rennsteigverein gegründet wurde). Die mit einem blauen ›R‹ markierten Alternativrouten weichen auf etwa 23 km Länge immer dort vom Original-Rennsteig ab, wo dieser viel befahrenen Straßen folgt: Wo beispielsweise der Original-Rennsteig straßennah am Großen Finsterberg vorbeiführt, überquert die Alternativroute den Berg mit freier Sicht auf Suhl und Ilmenau. ■

RENNSTEIGLAUF Seit 1973 wird alljährlich im Mai der GutsMuths-Rennsteiglauf mit über 14 000 Teilnehmern ausgetragen. Es gibt drei Varianten: In Eisenach beginnt der Supermarathon (72,7 km), in Neuhaus am Rennweg der Marathon (43,5 km) und in Oberhof der Halbmarathon (21,1 km). Ziel ist für alle drei Läufe Schmiedefeld am Rennsteig. Wanderer und Nordic Walker können zwischen fünf Strecken von zehn bis 50 km Länge wählen.

Hörschel — 15 km — Hohe Sonne — 19 km — Grenzwiese — 27 km — Grenzadler — 20 km — Allzunah — 24 km — Friedrichshöhe — 23 km — Spechtsbrunn — 19 km — Brennersgrün — 21 km — Blankenstein

LINKS Südlich der kleinen Gemeinde Oberhof im Landkreis Schmalkalden-Meiningen verläuft der Rennsteig. Die im Bild zu sehende alternative Höhenroute verläuft jenseits des Hauptwegs.

RECHTS In einem ausgehöhlten Baumstamm sammelt sich das klare Wasser einer Quelle – Erfrischung für die Wanderer.

UNTEN Historischer Wegweiser nach Altenstein.

RECHTS Blühende Sterndolde im Rennsteiggarten bei Oberhof, dem größten Alpingarten Deutschlands.

UNTEN Der Trusetaler Wasserfall bei Bad Liebenstein.

HISTORISCHE MARKEN
GRENZSTEINE

Am Rennsteig findet man über 1000 Grenzsteine, Dreiherrensteine und andere Wegmarken mit eingravierten Jahreszahlen und den Kürzeln verschwundener Länder. Einst teilten sich acht Staaten den Thüringer Wald. Als am Ende des Ersten Weltkriegs die thüringischen Landesfürsten abdankten, wurden 1920 die Herzog- und Fürstentümer zum Freistaat Thüringen vereinigt. Der Kreuzstein »Wilde Sau« bei Eisenach trägt die Jahreszahl 1483 (Luthers Geburtsjahr), er ist der älteste mit Jahreszahl markierte Grenzstein am Rennsteig. Der Grenzadler in Oberhof ist der größte Stein, und der Große Dreiherrenstein am Weißenberg ist der berühmteste Dreiländergrenzstein am Rennsteig — hier grenzen Kurhessen, Sachsen-Gotha und Sachsen-Meiningen aneinander.

04

AUF DEM RENNSTEIG liegt dem Wanderer Thüringen zu Füßen. Ein Teil des berühmten Weitwanderweges folgt den Höhenrücken mit weiten Ausblicken übers Land.

05

AUF DEN SPUREN DER ROMANTIKER
DER MALERWEG IN DER SÄCHSISCHEN SCHWEIZ

Schon Caspar David Friedrich war vom Elbsandsteingebirge begeistert. Sein »Wanderer über dem Nebelmeer« blickt auf eine Szenerie aus Schluchten, Felszacken und auf stattliche Berge, die hier oft nur als ›Steine‹ bezeichnet werden.

Der Malerweg führt auf den Spuren von Künstlern der Romantik durch die Felsenwelten der Sächsischen Schweiz. Der Hauptwanderweg des Elbsandsteingebirges bildete sich ab dem ausgehenden 18. Jh. heraus, er leitet durch Schluchten zu Felsenburgen und Höhlen, über Tafelberge und Aussichtskanzeln, die Caspar David Friedrich, Johan Christian Dahl, Carl Gustav Carus und andere Künstler vor 200 Jahren in Gemälden, Stichen und Aquarellen festgehalten und wie Hans Christian Andersen oder Mary Shelley in Reiseberichten verewigt haben. Sie begründeten den Ruhm des Elbsandsteingebirges als ›Sächsische Schweiz‹ und als romantisches Wandergebiet. Die Wolfsschlucht am Hockstein etwa soll Carl Maria von Weber zur Wolfsschluchtszene im »Freischütz« inspiriert haben – die bedeutendste deutsche Oper der Romantik steht auf dem Spielplan der Felsenbühne Rathen. Die Informationsstelle »Schweizerhaus« auf der Bastei vermittelt einen umfassenden Einblick in die Vielfalt der künstlerischen Darstellungen der Sächsischen Schweiz.

VON DER SCHLUCHT Liebethaler Grund mit dem Richard-Wagner-Denkmal bei Pirna, dem Tor zur Sächsischen Schweiz, führt der mit dem Buchstaben ›M‹ markierte Malerweg 68 km weit durch den Nationalpark rechts der Elbe, überquert im Grenzort Schmilka den Fluss und leitet über die Tafelberge links der Elbe nach Pirna, wo er am Canaletto-Haus am Marktplatz nach 112 km endet. Hauptleitlinie der großartigen Sandstein-Erosionslandschaft ist die Elbe, die das Gebirge in zwei Flügel teilt. In einem steilwandigen Tal hat sich der Fluss in den Sandstein eingegraben, zwischen Pirna und der tschechischen Grenze gibt es in dem von Felsflanken überragten Urtal nur eine einzige Straßenbrücke bei Bad Schandau. Wie vor 200 Jahren besorgen Fähren das Übersetzen der Wanderer von einem Ufer zum andern. Auf beiden Seiten münden in das Urtal schlucht- und klammartige ›Gründe‹ und Täler, flankiert von bis zu mehr als 100 m hohen Felswänden. Wie Inseln ragen zwischen den tief eingeschnittenen Schluchten land- oder forstwirtschaftlich genutzte ›Ebenheiten‹ (Verebnungsflächen) sowie die als ›Steine‹ bezeichneten Tafelberge auf.

DER RECHTSELBISCHE STRANG durch den Nationalpark ist der ältere Teil des Malerwegs. Dieser Kern der ›klassischen‹ Sächsischen Schweiz steht als Nationalpark unter Schutz. Die Vordere Sächsische Schweiz zwischen Wehlen und Hohnstein mit Bastei, Felsenburg Neurathen und Amselgrund ist die meistbesuchte Felsregion des Gebirges und hat mit dem Lilienstein den mächtigsten Tafelberg. Zu den Höhepunkten der weiter elbaufwärts gelegenen Hinteren Sächsischen Schweiz gehören das Kirnitzschtal, die Schrammsteinkette, die Affensteine, die Zschand-Schluchten sowie der Große Winterberg. Ein Abstecher zur nördlich gelegenen Burg Stolpen

BLICK VOM BASTEIFELSEN bei Rathen in den Wehlgrund, ein rechtes Seitental des Amselgrundes. Vom Wehlgrund aus führt eine Treppe mit 487 Stufen zur Bastei hinauf.

IN KÜRZE

LAGE Sachsen, Landkreis Sächsische Schweiz-Osterzgebirge, Nationalpark Sächsische Schweiz

LÄNGE 112 km in acht Tagesetappen

HÖCHSTER PUNKT Großer Winterberg (556 m)

START Liebethaler Grund (164 m), Stadtbushaltestelle und Parkplatz am unteren Ortseingang von Liebethal (Pirna)

ZIEL Canaletto-Haus, Am Markt 7 in Pirna (110 m); Bahnhof an der S-Bahn-Linie Dresden–Pirna–Bad Schandau–Schöna

BESONDERHEIT Felsenbühne Rathen www.kurort-rathen.de

INFO Tourismusverband Sächsische Schweiz Bahnhofstr. 21 01796 Pirna Tel. 03501 47 01 47 www.malerweg.de

LITERATUR Wanderführer Sächsische Schweiz, Böhmische Schweiz, Elbsandsteingebirge, KOMPASS Verlag 2019

DRAHTSEILAKT
Zwischen Ober- und Niederrathen pendelt die letzte Gierseilfähre der Elbe, von der aus man einen tollen Blick auf die Bastei hat.

Das von drei ineinander verkeilten Felsblöcken gebildete Felsentor im Uttewalder Grund wurde von vielen Malern und Schriftstellern beschrieben. Der dänische Dichter Hans Christian Andersen erinnert sich in seinen 1831 veröffentlichten »Schattenbildern«: »... drei ungeheure Felsblöcke waren von oben herabgestürzt und bildeten ein natürliches Gewölbe, unter dem wir durchgehen mussten«.

lohnt sich (Museum und Theateraufführungen, www.burg-stolpen.org).

DER LINKSELBISCHE STRANG des Malerwegs entwickelte sich im späten 19. Jh., als der heutige Kurort Gohrisch zur ersten ›Sommerfrische‹ der Sächsischen Schweiz avancierte: Bis dahin ging es mit dem Schiff zurück nach Dresden mit einer Fahrtunterbrechung in Königstein, um den Lilienstein zu erwandern. Besondere Höhepunkte des Malerwegs links der Elbe sind die Tafelberge Kaiserkrone, Königstein und Rauenstein sowie der Pfaffenstein mit der Felsnadel Barbarine.

DIE ETAPPE VOM Lichtenhainer Wasserfall im Kirnitzschtal durch die Felsenwelten der Hinteren Sächsischen Schweiz auf den Großen Winterberg und hinab nach Schmilka im Elbtal ist der beliebteste Abschnitt des Malerwegs. Die Wanderung führt zur malerischen Durchgangshöhle Kuhstall und zum Gasthaus Zeughaus im Zschand-Canyon. Der Teichstein, die Goldsteinaussicht und das Kipphorn am Winterberg zählen zu den spektakulärsten Panoramapunkten.

DER GROSSE WINTERBERG (556 m) ist der höchste rechtselbische Berg der Sächsischen Schweiz. Ein vulkanischer Basaltgang durchzieht hier den Sandstein auf einer Länge von einem Kilometer und 100 Meter Breite. Seit den Anfängen des Tourismus in der Sächsischen Schweiz ist der Winterberg eines der beliebtesten Wanderziele.

ZWISCHEN WEHLEN UND RATHEN verläuft beidseits der Elbe der Malerweg so dicht über dem Fluss, dass sich die beiden Stränge zu einer Rundwanderung verbinden lassen. Von Wehlen führt der Weg durch die Wälder auf die Bastei, den berühmtesten Aussichtsfelsen der Sächsischen Schweiz, und senkt sich neben der Felsenburg Neurathen, Deutschlands größter Felsenburg, ins autofreie Niederrathen, wo man mit der Fähre ans linke Elbufer übersetzt. Dort folgt der Weg dem Rauenstein-Kammweg mit Blick ins Dorf Pötzscha, wo vor dem S-Bahnhof eine Fähre die Wanderer zurück in die Burgstadt Wehlen bringt. Mit der S-Bahn und den Linienschiffen der Sächsischen Dampfschifffahrt lässt sich die Rundwanderung in zwei Einzelwanderungen von etwa 14 km Länge teilen.

DER LUFTKURORT RATHEN am Fuß der Bastei ist der bedeutendste Fremdenverkehrsort der Sächsischen Schweiz. Die Felsenbühne Rathen am Fuß der Basteihochfläche ist ein Naturtheater für bis zu 1800 Zuschauer; bespielt wird sie von Mitte Mai bis September.

»DER WANDERER ÜBER DEM NEBELMEER« Caspar David Friedrich schuf 1818 mit dem Rückenansicht-Selbstbildnis das berühmteste deutsche Wanderergemälde: Gekleidet in die wetterfeste Outdoor-Tracht seiner Zeit blickt der Wanderer von einem Felszacken des linkselbischen Tafelbergs Kaiserkrone (bei Schöna) auf das Nebelmeer. Im Mittelgrund die Felsspitzen des Gamrig aus dem Nebel, im Hintergrund rechts erhebt sich der Zirkelstein.

Liebethal — 12 km — Wehlen — 12 km — Hohnstein — 15 km — Altendorf — 18 km — Lichtenhainer Wasserfall — 18 km — Schmilka — 19 km — Gohrisch — 14 km — Weißig — 13 km — Pirna

OBEN Die wild-romantische Kirnitzschklamm bei Hinterhermsdorf im Nationalpark Sächsische Schweiz.

LINKS 240 m über der Elbe erhebt sich die gewaltige Bergfestung Königstein, einer der Höhepunkte der Tour.

KÖNIG DER STEINE
DER LILIENSTEIN

Der 415 m hohe Lilienstein, der markanteste unter den ›Steine‹ genannten Tafelbergen der Sächsischen Schweiz, bildet zusammen mit dem blauen Band der Elbe das Wappenlogo des Nationalparks Sächsische Schweiz. Der 300 m aus dem Elbtal aufragende Sandsteinhärtling zwingt den Fluss zu einer Südschleife und bietet einen faszinierenden Panoramablick über das Elbsandsteingebirge, der bereits die Künstler vor 200 Jahren begeisterte: Auf der Schifffahrt zurück nach Dresden legten sie in Königstein einen letzten Übernachtungstag ein, um von dort aus den Lilienstein zu erwandern. Seine Form erinnert aus der Nord- und Südperspektive an ein Schiff, wobei das vom bewaldeten Gipfelplateau durch eine Kluft abgetrennte Westhorn den Bug bildet.

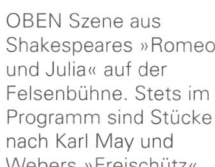

OBEN Szene aus Shakespeares »Romeo und Julia« auf der Felsenbühne. Stets im Programm sind Stücke nach Karl May und Webers »Freischütz«.

UNTEN Vom Wasser ausgehöhlte Felsen im Kirnitzschtal.

RECHTS Ein Anblick, den Touristen in der Natur leider kaum selbst erleben werden: ein Steinmarder, der bei Bad Schandau auf einem Felsen sitzend vom Fotografen erwischt wurde.

06

VOM RENNSTEIG BIS ZUR SCHWÄBISCHEN ALB
DER FRANKENWEG IN BAYERN

Auf dieser Wanderung erkundet man die Höhlen und Felsentürme der Fränkischen Schweiz, das weite Fränkische Burgen- und Seenland sowie das Juraterrain des Altmühltals – und sogar Richard Wagner hat einst hier eine Rolle gespielt.

IN KÜRZE

LAGE Bayern

LÄNGE 530 km

HÖCHSTER PUNKT Döbraberg (795 m)

START Untereichenstein (433 m)

ZIEL Harburg (440 m)

INFO Tourismusverband Franken
Pretzfelder Str. 15
90425 Nürnberg
Tel. 0911 94 15 10
www.frankenweg.de

Vom wildromantischen Höllental im Naturpark Frankenwald führt der 527 km lange Frankenweg südwärts über die Fränkische Alb bis ins schwäbische Harburg am Durchbruchstal der Wörnitz. Die Wörnitz, überragt von Schloss Harburg, verbindet das Donautal mit dem fruchtbaren Ries, einer der Kornkammern Bayerns; das Ries wiederum trennt die Fränkische von der Schwäbischen Alb.

DER FRANKENWEG beginnt unweit der Stelle, wo der Rennsteig endet: in Untereichenstein im romantischen Tal der Selbitz – nur einen Steinwurf entfernt von Blankenstein am Endpunkt des Rennsteigs. Zwischen Untereichenstein im Norden und Harburg im Süden verknüpft er sechs fränkische Urlaubslandschaften. Von der Waldwildnis des Frankenwaldes führt er durch das Obere Maintal, das reich ist an architektonischen Schätzen wie der Basilika Vierzehnheiligen bei Bad Staffelstein. Daran schließen sich die Höhlenlandschaft der Fränkischen Schweiz und die Burgenwelt der Frankenalb an, ehe er an der Wasserlandschaft des Fränkischen Seenlandes vorbei und durch den Naturpark Altmühltal führt und sein Ziel am Rand der Schwäbischen Alb ansteuert. Der Weg erschließt die Vielfalt Frankens von der Selbitz bis zum Nördlinger Ries: Beeindruckende Natur und herausragende städtische und ländliche Kultur, wehrhafte Burgen, prunkvolle Schlösser, Kirchen und Klöster sowie historische Stätten liegen an der Strecke. Die fränkische Gastlichkeit trägt ein Übriges bei zur Beliebtheit des Wegs, der über eine ausgezeichnete Infrastruktur verfügt.

DER ERSTE HÖHEPUNKT am Frankenweg beginnt gleich nach dem Start: Das Höllental mit Auenwäldern und wild zerklüfteten Felsgruppen ist das faszinierendste Schluchttal im Naturpark Frankenwald. Mehr als 170 m tief hat sich

LINKS Die imposante Einsturzhöhle Riesenburg im Tal der Wisent.

RECHTS Fachwerkhaus im Felsendorf Tüchersfeld in Oberfranken.

GANZ RECHTS Luftkurort Gößweinstein.

LOKLAND
Für Kinder und für Junggebliebene gibt es in Selbitz eine der größten Modelleisenbahnanlagen. (www.lokland.de)

Untereichenstein a. d. Selbitz — Höllental — 61 km — Zeyern — 56 km — Weismain — 67 km — Heiligenstadt — 31 km — Gößweinstein — 41 km — Egloffstein — 65 km — Altdorf — 57 km — Berching — 68 km — Bubenheim — 76 km — Harburg an der Wörnitz

die Selbitz in ihrem Durchbruchstal in das Lavagestein eingeschnitten, 1 km unterhalb der Schlucht mündet sie im thüringischen Blankenstein in die Sächsische Saale, die hier die Grenze zwischen Bayern und Thüringen bildet. Wahrzeichen des Höllentals ist der Hirschsprung unterhalb des Aussichtspunkts ›König David‹ rund 170 m über dem Tal. 1997 wurde der Schluchttalabschnitt zwischen Naila-Hölle und dem Alten Bahnhof Lichtenberg, der als Informationszentrum dient, unter Naturschutz gestellt, um dort die Vielfalt von Pflanzen und Tieren sowie die landschaftliche Schönheit zu bewahren.

DER LUFTKURORT Gößweinstein liegt auf einer Jurahöhe über dem Wisenttal im Herzen der Fränkischen Schweiz zwischen Heiligenstadt und Egloffstein. Die von Balthasar Neumann 1730–39 errichtete barocke Wallfahrtsbasilika ist der aufwendigste Kirchenbau in der Fränkischen Schweiz. Der Ort wird überragt von einer auf einem Dolomitfelsen thronenden Burg, die einem Bilderbuch entsprungen zu sein scheint: Zinnenkranz, Turmgeschoss, Staffelgiebel – alles wie im Mittelalter. Sie soll Richard Wagner als Vorbild für die Gralsburg in seinem letzten Werk, dem Bühnenweihfestspiel »Parsifal«, gedient haben. Nach 1890 erhielt sie ihr neugotisches Gepräge als ›Neuschwanstein der Fränkischen Schweiz‹.

HINTER EGLOFFSTEIN führt der Weg über Hersbruck (sehenswert die mittelalterliche Innenstadt) nach Altdorf, wo es bis 1809 sogar eine Universität gab. Bei Berching gelangt man in den Naturpark Altmühltal. Im weiteren Verlauf sollte ein Abstecher nach Weißenburg i. Bay. eingeplant werden, dort verläuft das UNESCO-Weltkulturerbe Limes mit eindrucksvollen Ausgrabungen und Rekonstruktionen. Zum Abschluss der Tour begrüßt den Wanderer dann das mächtige mittelalterliche Schloss Harburg über der Wörnitz. ■

Das Felsendorf Tüchersfeld am Frankenweg unterhalb von Gößweinstein ist ein Wahrzeichen der Fränkischen Schweiz, die Fachwerkhäuser kleben geradezu auf und an hohen Dolomitnadeln. Im ehemaligen Judenhof befindet sich das Fränkische-Schweiz-Museum; es dokumentiert Archäologie, Geologie, Geschichte, bäuerliches Wohnen, Handwerk, Zunftwesen, jüdisches Leben und weitere Aspekte der Fränkischen Schweiz.

UNESCO-WELTERBE DER LIMES
In Weißenburg i. Bay. verläuft der Limes. In der Römerstadt kann man ein in Teilen rekonstruiertes Kastell und den größten Schatzfund in Deutschland bewundern.

07

FELSEN UND HÖHLEN IM TIEFEN WALD
DER RODALBER FELSENWEG IM PFÄLZERWALD

Im größten zusammenhängenden Waldgebiet Deutschlands schlängelt sich dieser ausgezeichnete Rundwanderweg vorbei an Tropfsteinhöhlen und bizarr geformten rund 200 Millionen Jahre alten Buntsandsteinfelsen.

IN KÜRZE

LAGE Rheinland-Pfalz, Naturpark Pfälzerwald

LÄNGE 45 km

START/ZIEL Bahnhof Rodalben (256 m)

INFO
Tourist-Information
Gräfensteiner Land
Am Rathaus 9
66976 Rodalben
Tel. 06331 23 41 80
www.felsenwanderweg.de

Der Rodalber Felsenwanderweg im Gräfensteiner Land verbindet die Felstürme, Aussichtskanzeln, Wasserfälle und Höhlen rund um Rodalben im Naturpark Pfälzerwald. Der 45 km lange Rundkurs ist auch für Familien mit Kindern geeignet, die Anstiege summieren sich auf moderate 700 Höhenmeter, die sich auf der Strecke gut verteilen. 2011 kürten ihn die Hörer eines großen Rundfunksenders zum beliebtesten Wanderweg in Rheinland-Pfalz.

DIE BESONDERHEIT des Rodalber Felsenwanderwegs sind die zahlreichen Felsen direkt am Weg und der gleichzeitige Bezug zur Stadt: Oben in den Wäldern finden sich mehr als 130 bis zu 18 m hohe Felsformationen, unten im Tal liegt die kleine Stadt Rodalben, die von der Industrialisierung verschont geblieben ist. Aus ihrer harmonischen Bebauung grüßen der romanische Westturm der alten Kirche und die Zwiebelhaube der in barockisierenden Formen errichteten neuen Kirche herauf – Felsen, Wanderweg und Stadt verbinden sich zu einer Idylle, die einen immer wieder stehen bleiben und staunen lässt.

DIE FELSEN bestehen aus Sedimenten, die zu Beginn des Erdmittelalters abgelagert wurden. Die dieser Zeit entsprechende geologische Formation wird ›Trias‹ genannt, weil sie aus drei Abteilungen besteht; ihre unterste und älteste ist der Buntsandstein. Die Felsen, die sich alle etwa auf gleicher Höhe (300 m) um Rodalben befinden, sind etwa 200 Millionen Jahre alt. Wahrzeichen Rodalbens ist der Bruderfelsen: Zwei sich berührende Steinsäulen, die sich wie Brüder gleichen, sind die Namensgeber. Im Bärenfelsen öffnet sich die Bärenhöhle, die größte Buntsandsteinhöhle der Pfalz. Am Zigeunerfelsen lagerte früher oft fahrendes Volk, zugleich erinnert der Felsen daran, dass die Erosion stetig fortschreitet. Die Alte Burg ist ein steil auf drei Seiten abstürzender Felssporn, der den

VON LINKS Die Bärenhöhle, einer der Höhepunkte des Felsenwegs. Sandsteinfelsen im Abendlicht. Teufelstisch bei Hinterweidenthal. Pfälzer Rotweintraube. Der Saufelsen war einst Futterplatz von Wildschweinen.

> **DUNKLE HÖHLEN**
> Wer mit Kindern wandert, sollte eine Taschenlampe mitnehmen, da es einige Höhlen – darunter die Bärenhöhle – zu erkunden gibt.

Rodalben Bahnhof — 6,6 km — Alte Burg — 4,7 km — Apostelmühle — 10,3 km — Hilschberghaus — 9,5 km — Neuhof — 6,2 km — Geißbühlkopf — 7,9 km — Rodalben Bahnhof

Kelten samt Vieh als Fluchtburg diente. Alljährlich im Herbst findet der Rodalber Wandermarathon statt. In einem Volkslauf nehmen die Marathon-Wanderer 42,195 Kilometer des Felsenwanderwegs oder – wer sich etwas weniger zutraut – den Halbmarathon auf sich. Die Strecke ist angenehm zu laufen, sie besteht durchgehend aus Waldboden.

DIE FELSENBURG GRÄFENSTEIN auf einem zwölf Meter hohen Buntsandsteinriff bei Rodalben ist die Namensgeberin des Gräfensteiner Landes. Ihr siebeneckiger Bergfried ist auf einer Wendeltreppe zu ersteigen und bietet eine erstklassige Aussicht auf das Gräfensteiner Land, das Kuppenmeer des Pfälzerwaldes und auf den Westrich. Erbaut wurde die auch ›Merzalber Schloss‹ genannte Burg im 12. Jh. durch den Grafen von Saarbrücken am Schnittpunkt der Diözesen Worms, Speyer und Metz. Im Dreißigjährigen Krieg brannte sie 1635 aus, seither blickt sie als mächtige Ruine ins Land. Ungewöhnlich an ihr ist der siebeneckige Bergfried, in seiner Art einmalig in Deutschland.

DER NATURPARK PFÄLZERWALD, eine waldreiche Mittelgebirgslandschaft, ist geprägt von harmonisch gewachsenen Dörfern, von zahllosen Teichen und Wiesentälern, bizarren Felsformationen und imposanten Burgruinen. In den sonnigen Tallagen zu Füßen des Waldmeers erstrecken sich die Weinberge – nach Rheinhessen befindet sich in der Pfalz das zweitgrößte Weinbaugebiet Deutschlands. Immer wieder durchbrechen Buntsandsteinfelsen als natürliche Aussichtsbastionen das Waldkleid und gewähren traumhafte Ausblicke auf das Felsen-, Burgen- und Waldreich zwischen Vogesen, Weinstraße, Westrich und Donnersberg. Ein Wahrzeichen für die Vielfalt der monumentalen Felsen ist der Teufelstisch bei Hinterweidenthal, zu den schönsten Burgen zählt das ›Burgendreigestirn‹ Trifels, Anebos und Münz.

Im Osten grenzt der Pfälzerwald an die Deutsche Weinstraße in der sonnenreichen Oberrheinebene, Deutschlands größtem zusammenhängenden Weinanbaugebiet. Im Süden schließt der Pfälzerwald übergangslos an den elsässischen Naturpark Nordvogesen an. 1998 wurden Pfälzerwald und Nordvogesen als erstes grenzüberschreitendes Biosphärenreservat in Europa von der Weltkulturorganisation UNESCO anerkannt.

> **SANDSTEINBANK DER TEUFELSTISCH**
> Das bekannteste Naturdenkmal des Pfälzerwaldes ist der Teufelstisch bei Hinterweidenthal. Die bizarre Form beruht auf erodierten Gesteinen unterschiedlicher Härte.

08

KULT-WANDERWEG IM LÄNDLE
DER WESTWEG IN BADEN-WÜRTTEMBERG

Inmitten von unberührter Natur – durch Wälder, Moorgebiete, über Höhenzüge und vorbei an Seen – verläuft dieser bereits 1900 angelegte Fernwanderweg von Nord nach Süd durch den Schwarzwald. Unterwegs passiert man nur zwölf Ortschaften.

Der 280 km lange Höhenweg durch den Schwarzwald ist einer der attraktivsten Fernwanderwege Deutschlands. Von Pforzheim aus führt er in südlicher Richtung über bewaldete Kämme und Berge mit Panoramaaussicht, durch vereinzelte Fachwerkdörfer und durch Almwiesen mit einsamen Schwarzwaldhöfen zum Titisee, wo er sich in eine West- und eine Ostroute gabelt. Beide Varianten enden am Badischen Bahnhof in Kleinbasel, dem rechtsrheinischen Teil der Münsterstadt Basel im Dreiländereck. Der Weg ist anspruchsvoll und – bis auf einige Teiltouren – für kleine Kinder nicht geeignet. Auf den Etappen überwindet man bergauf in der Summe über 8000 m und ebenso viele wieder bergab.

VON PFORZHEIM, der Hauptstadt des Nordschwarzwalds, führt der Westweg im Gleichlauf mit dem Europäischen Fernwanderweg 1 südwärts durch den felsenreichen Buntsandstein-Schwarzwald. Vom Westwegportal ›Goldene Pforte‹ am Kupferhammer an der Mündung der Würm in die Nagold schwingt er sich auf die Hochflächen zwischen Enz und Alb und durchquert am Wildsee bei Bad Wildbad die größte Moorregion des Schwarzwalds.

DAS WILDSEEMOOR auf der Hochfläche zwischen Bad Wildbad und Gernsbach ist das größte Hochmoor im Schwarzwald. Der Westweg quert es auf der Etappe zwischen Dobel und Forbach. Urwüchsige Bannwälder mit bizarren Baumgestalten umgeben das Moor, in dem zur Mittsommerzeit das Wollgras seinen weißen Haarbausch auswachsen lässt und im Herbst Moorpflanzen in leuchtendem Rot erstrahlen. Die zwei größten von mehreren Moorseen sind der Hornsee und der namengebende Wildsee. Auf der von Hochmooren und Wald bedeckten Buntsandsteinhochfläche, auf der jährlich bis zu 1800 mm Niederschlag fällt, leben Pflanzengemeinschaften und Insekten, die nach der Eiszeit sonst nur in Skandinavien überlebt haben. Zwischen Legföhren und Birken führt der hölzerne Begangsteig durch das Moor und gibt den Blick frei auf den von Schwingrasen umgebenen Wildsee. Mitten durch das Moor, dessen Torfschicht bis zu 7,50 m dick ist, verläuft die Grenze zwischen Baden und Württemberg. Die Schutzwürdigkeit dieses Naturparadieses wurde schon früh auf beiden Seiten erkannt: Bereits 1911 wurde auf württembergischer Seite ein ›Bannwald‹ (ein geschütztes Waldgebiet) ausgewiesen, 1914 erklärte man den badischen und 1928 den württembergischen Teil zum Naturschutzgebiet.

AUF DEN ABSTIEG ins ›steinreiche‹ Murgtal folgt die Aussichtspassage auf dem Grindenschwarzwald, wo die Hornisgrinde am sagenumwobenen Mummelsee auf der Etappe zwischen Unterstmatt und Alexanderschanze die höchste Erhebung des Nordschwarzwalds markiert. Nach dem Durchqueren der Naturschutzgebiete Schliffkopf und Kniebis-Alexanderschanze beginnt der

ERSTES HERBSTLAUB schmückt die Bäume am Ufer, die sich im Feldsee am Fuße des Feldbergs spiegeln.

IN KÜRZE

LAGE
Baden-Württemberg, Schwarzwald

LÄNGE 280 km

HÖCHSTER PUNKT
Feldberg (1493 m)

START
Westwegportal bei der Gaststätte »Kupferhammer« (265 m) in Pforzheim

ZIEL Badischer Bahnhof in Basel (254 m), Schweiz, an der Grenze zu Deutschland

INFO
Schwarzwaldverein
Schlossbergring 15
79098 Freiburg i. Br.
Tel. 0761 38 05 30
www.westweg.de

MOUNTAINBIKE
Zwischen Feldberg und Belchen gibt es zwischen 600 m und 1495 m zahlreiche Trails für Anfänger und Fortgeschrittene. (www.belchenland.com)

Auf der Adlerschanze im Höhenluftkurort Hinterzarten am Nordrand des Feldberggebiets wird neben den Wettbewerben im Winter seit 1980 alljährlich auch das berühmte internationale Sommerskispringen ausgetragen. Die Anlaufspur aus Keramikkacheln wird dann mit reichlich Wasser gesprenkelt, und der Aufsprungbereich unten ist mit Plastikmatten ausgelegt, die ebenfalls bewässert werden.

Abstieg ins Kinzigtal, wo ein Besuch des Freilichtmuseums Vogtsbauernhof nicht versäumt werden sollte.

ZWISCHEN HAUSACH und Wilhelmshöhe verläuft der Westweg über Farrenkopf (789 m) und Karlstein (964 m) auf dem einsamen Kamm über dem Gutachtal. Er strebt der Martinskapelle an der Bregquelle, der höchsten Quelle der Donau, zu und wechselt dann in den Naturpark Südschwarzwald. Vom Thurner-Wirtshaus beim Wallfahrtsort Sankt Märgen senkt er sich hinab zu schönen Wiesen mit Schwarzwaldhöfen bis zum Kurort Titisee am größten natürlichen Schwarzwaldsee.

IN TITISEE im Naturpark Südschwarzwald gabelt sich der Westweg in eine West- und eine Ostroute. Beide Routen enden am Badischen Bahnhof im rechtsrheinischen Teil der Münsterstadt Basel, in der Schweiz, sodass sich Ost- und Westroute auch als mehrtägige Rundtour durchwandern lassen.

DIE WESTROUTE des Westwegs ist in unten stehender Streckenleiste abgebildet (ab Kalte Herberge). Sie führt vom Titisee an der Hinterzartener Adlerschanze vorbei auf den Feldberg (1493 m), den höchsten Berg aller deutschen Mittelgebirge. Weiter geht es dann über die Stübenwasen-Bergwiesen zur Passhöhe Notschrei und auf den Gipfel des Belchen (1414 m), des ›Königs des Schwarzwalds‹. Der Hochblauen (1165 m) über dem Markgräflerland ist der letzte hohe Schwarzwald-Berg am Westweg, der sich nun zur Sausenburg und in die Töpferstadt Kandern hinabsenkt, wo der Schlussspurt zum Röttelner Schloss und über die Tüllinger Höhe nach Basel beginnt.

DIE OSTROUTE verläuft vom Titisee aus zum höchstgelegenen Bahnhof Baden-Württembergs in Bärental und zum Zweiseenblick mit Aussicht auf den Titisee und den Schluchsee. Von der Passhöhe mit der Wiesequelle führt der Ostweg aufs Herzogenhorn (1415 m), den zweithöchsten Berg des Schwarzwalds, und folgt dann stets dem Kamm zwischen Wiese-, Alb- und später Wehratal. An der Wehra verlässt der Ostweg das aus Granit und Gneis bestehende Grundgebirge des Südschwarzwalds und führt im Muschelkalk mit vielfältigen Karsterscheinungen wie der Erdmannshöhle bei Hasel am periodisch auftretenden Eichener See vorbei zum Aussichtsturm auf der Hohen Flum (536 m), der höchsten Erhebung des Dinkelbergmassivs. Hier bietet sich noch einmal ein wunderbarer Panoramablick über den Südschwarzwald, dann senkt sich der Ostweg nach Kleinbasel im Dreiländereck am Rheinknie. ■

FREILICHTMUSEUM VOGTSBAUERNHOF IM KINZIGTAL Von Hausach nach Gutach und von dort zum Vogtsbauernhof sind es 3 1/2 Stunden. Das Freilichtmuseum lohnt einen Besuch. Es vermittelt einen guten Eindruck vom bäuerlichen Leben vergangener Zeiten in den verschiedenen Regionen des Schwarzwalds. Ob Milchwirtschaft, Sägerei, Öl- und Kornmühle, Hammerschmiede, Wagnerwerkstatt oder Backhaus – die alten Traditionen von Landwirtschaft und Handwerk werden hier anschaulich und lebendig.

GEISTER UND ZWERGE
DER MUMMELSEE

Der Mummelsee in der Südflanke der Hornisgrinde (1163 m) ist mit knapp 18 m der tiefste Karsee des Schwarzwalds. Im See sollen den Sagen zufolge Nixen, Zwerge und ein König hausen. Bei den Brüdern Grimm findet sich die Geschichte vom Bauern, der mit seinem Ochsenkarren heil über den gefrorenen See gefahren war – dessen nachgelaufener Hund im Eis einbrach und ertrank. Das Motiv des Totenzugs übernahm Eduard Mörike für seine Ballade »Die Geister am Mummelsee« (1829).

OBEN LINKS Frisch gebackene, duftende Brotlaibe – direkt aus dem Holzofen.

OBEN RECHTS Der sagenhafte Mummelseegeist in voller Montur ist über 2 m groß – je nachdem, wer die Stiefel mit den 50 cm Absätzen trägt.

MITTE RECHTS Der Mummelsee (1036 m) im Norden des Schwarzwalds ist ein beliebtes Ausflugsziel.

LINKS Blick vom Belchen (1414 m), dem vierthöchsten Berg des Schwarzwalds, nach Süden ins Tal.

09

FELSEN, CANYONS, WASSERFÄLLE
DER SCHLUCHTENSTEIG IM SÜDSCHWARZWALD

Er führt durch die tiefsten und größten Canyons Deutschlands, vorbei an brausenden Wasserfällen, durch wilde Wälder und auf Höhen, die den Blick bis zu den Alpen öffnen – und ist zugleich ein Parcours durch 200 Millionen Jahre Erdgeschichte.

Unbestritten zählt der 119 km lange Schluchtensteig im Südschwarzwald zu den beliebtesten und attraktivsten Fernwanderwegen Deutschlands. Er ist an Vielseitigkeit kaum zu übertreffen und bietet eine ideale Mischung von anspruchsvollen und familienfreundlichen Abschnitten. Wer die ganze Tour machen möchte, sollte sechs Tage einplanen.

VOM LUFTKURORT STÜHLINGEN an der Grenze zur Schweiz führt der Weg an den Bahnhöfen, Tunnels und Viadukten der nostalgischen ›Sauschwänzlebahn‹ vorbei durch die steilen Wutachflühen. Nach Blumberg im Tal der Urdonau wendet sich der Weg nach Westen weiter in die Wutachschlucht, die größte Schlucht Deutschlands. Die Wasserwucht hat sich hier über Jahrtausende tief in Granit, Gneis, Buntsandstein und Muschelkalk eingegraben, sodass Fluss und Pfad über weite Strecken von senkrechten Felswänden flankiert werden. Geländer und andere Schutzvorrichtungen sichern daher immer wieder den Steig in seinem steten Auf und Ab durch die Talflanke. Flüsse werden auf hohen Stegen überquert und gesicherte Felsbänder sorgen für zusätzliche Abwechslung und streckenweise auch für etwas Nervenkitzel. Wer rechts und links die Augen offenhält, der entdeckt die reichhaltige Flora und Fauna der stark bewaldeten Wildflusslandschaft: Orchideen, Felsennelken und Türkenbund blühen hier um die Wette, es finden sich geschützte Tierarten wie der Apollofalter und die seltene Aspisviper, neben der Kreuzotter Deutschlands einzige Giftschlange (die man allerdings kaum je zu Gesicht bekommen wird).

FLUSSAUFWÄRTS DER WUTACH entlang wandern wir wie durch ein geologisches Lehrbuch. Der Fluss durchschneidet hier die Gesteinsschichten des aus Gneis und Granit aufgebauten vulkanischen Grundgebirges. Der Weg führt nun an der Gauchachschlucht vorbei bis zum Gasthof Schattenmühle (ein lohnender Abstecher führt hinter der Mühle zur Lotenbachklamm). Bis hierher durchfließt die Wutach die geologische Form des Trias, der Muschelkalk ist hier vorherrschend – mit etwas Glück findet man Versteinerungen. Zu den Höhepunkten zählen hier die Wutachversickerungen und die Wutachaustritte, wo der Fluss aus dem klüftigen Gestein gischtet. Die quarzhaltigen Klippen des etwa 80 Meter senkrecht aus der Schlucht aufragenden Räuberschlössle-Felsens bilden den markantesten Aussichtspunkt im Granitabschnitt. Ab etwa der Mündung des Rötenbachs sind in den Felsformationen dieser Teilstrecke immer wieder bis zu 30 m mächtige, weißgelbe bis blauviolette Buntsandsteinüberlagerungen zu beobachten.

ÜBER STOCK UND STEIN geht es in der oberen Wutach- und der Haslachschlucht weiter bis zum Luftkurort Lenzkirch, wo sich eine Höhenwanderung über den Bildstein (1134 m) – der höchste Punkt der gesamten Wanderung – zum

LINKS Die Lotenbachklamm befindet sich unmittelbar neben der Schattenmühle, der Klammeingang ist nur wenige Meter entfernt.

IN KÜRZE

LAGE
Baden-Württemberg, Südschwarzwald

LÄNGE 119 km, 6 Tagesetappen

HÖCHSTER PUNKT
Bildstein (1134 m), Aussichtsfelsen über dem Schluchsee

EINKEHR
Schattenmühle (mit Übernachtung)

Unterkrummenhof am Schluchsee (rustikale Küche, nur zu Fuß erreichbar)

INFO
Projektstelle Schluchtensteig
Gartenstr. 7
79761 Waldshut-Tiengen
Tel. 07751 86 26 06
www.schluchtensteig.de

LITERATUR
Wanderführer Schluchtensteig, KOMPASS Verlag 2017

ERFRISCHUNG
Nach der Wanderung ein Bad gefällig? Der Schluchsee, einer der saubersten Badeseen Deutschlands, ist auch im Hochsommer noch ziemlich kühl.

Der Naturpark Südschwarzwald ist mit einer Fläche von 3940 km² der größte Naturpark in Deutschland und erstreckt sich von Triberg im Norden bis nach Waldshut-Tiengen im Süden. Im Westen schließt er die Vorbergzone bis Freiburg und Emmendingen ein, nach Osten dehnt er sich bis Donaueschingen und Bad Dürrheim aus. Die höchste Erhebung ist der Feldberg (1493 m), der höchste Berg des Schwarzwalds.

Schluchsee anschließt. Der Bildstein ist ein verwitterter Granitfelsen auf dem Gipfel eines steil aufragenden Bergrückens und bietet eine traumhafte Aussicht auf den Schluchsee, zum Feldberg und zum Herzogenhorn. Der 1932 aufgestaute See ist der größte Schwarzwaldsee und ein bedeutendes Wassersportparadies.

VOM WASSERSPORTORT Aha aus folgt der Schluchtensteig der Seeuferpromenade. Rustikale Einkehr bietet die Vesperstube »Unterkrummenhof« auf einer Landzunge. Hier stärken sich die Wanderer für den Aufstieg vom Schluchsee durch die stillen Muchenland-Wälder. In den Blumenwiesen von Blasiwald angekommen, schweift der Blick über die durchwanderten Höhen und Täler zu den Spitzen der Alpen. Der Weg führt nun steil hinab und bald darauf ertönt wieder das vertraute Geräusch von herabstürzendem Wasser. Wenig später erreicht man den Windbergwasserfall, während die Glocken des Doms von Sankt Blasien das Etappenziel im Albtal verkünden.

NACH DEM AUFSTIEG vom Dom in Sankt Blasien zum hölzernen Aussichtsturm auf dem Lehenkopf durchquert der Schluchtensteig das Höhenparadies von Dachsberg und Ibach im Hotzenwald mit Mooren, Weiden, Wiesen und einem Alpenblick. Der Hotzenwald ist eine dünn besiedelte Hochfläche, in der Alb, Murg, Wehra, Steina, Schlücht und andere Bäche und Flüsse vielfältige Schluchtlandschaften geschaffen haben. Einige Moore wie die als Naturschutzgebiet ausgewiesene Rüttewies bei Urberg am Lehenkopf sind mit ihrem Wechsel aus Moor- und Weideflächen Refugien seltener Arten wie Katzenpfötchen und Heidenelke. Die im arktisch-alpinen Raum verbreitete Astflechte hat hier ihren einzigen bekannten Wuchsort im deutschen Südwesten.

VOM BERGKREUZ auf der Anhöhe ›Lampenschweine‹ bei Ibach, einer alten Rodung für Schafe, senkt sich der Schluchtensteig zur Wehraquelle und führt durch die Hohwehraschlucht in die Talweitung, in der die Wintersportgemeinde Todtmoos zu Füßen der barocken Wallfahrtskirche liegt. Das Wehratal bildet das glanzvolle Finale des Schluchtensteigs: Anfangs in Wiesenhängen, dann in Felsflanken und dem urwaldartigen Bannwald der Wehrahalden erreicht er sein Ziel, die Schlösser- und Burgenstadt Wehra mit ihren Burgruinen Bärenfels und Werrach, dem Alten und dem Neuen Schloss Wehr – sowie einer sehenswerten Altstadt. ■

WANDERN UND LAUSCHEN Den Dom im Luft- und Kneippkurort St. Blasien im Landkreis Waldshut sieht man schon von Weitem. Kein Wunder: Der 1783 vollendete Kuppelbau ist mit einer Höhe von 62 m und einer Spannweite von 36 m der drittgrößte in ganz Europa – nach dem Pariser Panthéon und der Peterskirche in Rom. Die kuppelüberspannte Rotunde bildet im Übrigen einen idealen Rahmen für die Konzerte, die v.a. im Juli und August stattfinden (Programm siehe www.domkonzerte-stblasien.de).

UNTEN Der Schluchsee, auf 930 m über NN die höchstgelegene Talsperre Deutschlands, ist der größte See des Schwarzwalds. Das Wasser des Stausees betreibt die Turbinen eines Pumpspeicherkraftwerks.

SAUSCHWÄNZLEBAHN VOLLDAMPF VORAUS! Das Pfeifen der Dampfloks ist bis weit in die Ferne zu hören – es ist jedes Jahr ein großes Ereignis, wenn die Sauschwänzlebahn durch das Mühlbachtal und die Wutachflühen ab Ende April wieder in Betrieb genommen wird. Ihren Namen verdankt die Museumsbahn dem spiralförmigen Routenverlauf, der an den geringelten Schwanz eines Schweins erinnert. Für 9 km Luftlinie zwischen den Bahnhöfen Blumberg-Zollhaus (702 m) und Stühlingen-Weizen (471 m) benötigt sie über zwei Stunden und legt dabei 25 Schienenkilometer zurück. Ab 1876 wurde sie im Auftrag kaiserzeitlicher Militärs errichtet und 1890 unter dem Namen »Wutachtalbahn« eröffnet. Heute sorgt ein engagierter Verein für den Betrieb der nostalgischen Bahn.

OBEN Der Apollofalter steht unter Naturschutz. Er ist auch im Schwarzwald inzwischen nur noch äußerst selten.

UNTEN Wilde Wälder, steile Pfade und rauschende Wasserfälle – die Wutachschlucht begeistert Wanderer.

RECHTS Typisch für das Schwarzwaldhaus, eine Kombination aus Wohnhaus und Stall, ist das weit vorgezogene Walmdach. Häufig in Hanglagen gebaut, kann es so auch großen Schneemassen und Stürmen standhalten.

11

EIN VORHANG aus herabstürzendem Wasser ergießt sich über einen von dichten Moospolstern überwucherten Felsen in der Wutachschlucht – als wäre man in einem wilden Regenwald.

10

AUF DEN SPUREN DES BERGSTEIGERKÖNIGS
DER MAXIMILIANSWEG IN BAYERN

Sie ist eines Königs würdig, die Tour am Nordrand der Alpen. Es ist leicht nachzuempfinden, wie der Monarch einst voller Stolz auf das bayerische Alpenvorland mit seinen Wiesen, Wäldern, Seen und mächtigen Bergen geblickt haben mag.

Der Maximiliansweg von Lindau am Bodensee bis nach Berchtesgaden am Königssee ist der ›Königsweg‹ der Allgäuer und Bayerischen Voralpen. Benannt ist er nach dem bayerischen ›Bergsteigerkönig‹ Maximilian II. (1811–1864), der diese Route vom 20. Juni bis 27. Juli 1858 mit großem Gefolge aus Freunden, Wissenschaftlern, Pferdeknechten, Malern, Dichtern und Köchen absolvierte – in der Kutsche, zu Pferd, wandernd und bergsteigend –, um die attraktivsten Plätze in ›seinen‹ Bergen aufzusuchen.

WIE AN EINER PERLENKETTE erschließt der 1991 vom Deutschen Alpenverein eröffnete Fernwanderweg Aussichtsgipfel, Seen und Schlösser in der imposanten Landschaft der Allgäuer und Bayerischen Alpen. Der ›Balkonweg‹ am Nordrand der Nördlichen Kalkalpen bietet herrliche Tiefblicke auf die Täler sowie bergwärts Aufblicke in die vergletscherte Gipfelwelt. Hochstaufen, Hochgern, Kampenwand und Wendelstein sind einige der Panoramaberge am ›Maxweg‹, dazwischen liegen Walchensee, Kochelsee und Tegernsee, die Schlösser Neuschwanstein und Linderhof sowie sehenswerte Tal- und Kurorte wie Sonthofen, Füssen, Fischbachau, Ruhpolding und Bad Reichenhall.

ZU EINEM GROSSEN TEIL folgt der 370 km lange Maximiliansweg dem Europäischen Fernwanderweg 4, doch trennen sich die beiden Wege bei schwierigeren Passagen: Wanderer mit Bergerfahrung und guter Kondition können dann der Bergvariante des Fernwanderwegs folgen, während die einfachere Variante generell bei schlechtem Wetter zu empfehlen ist. Die wasserfalldurchbrauste Pöllatschlucht und der glasklare Alpsee sowie die Schlösser Hohenschwangau und Neuschwanstein sind hier die kulturellen und natürlichen Höhepunkte am Maximiliansweg. Der smaragdgrüne Alpsee mit Blick auf Hohenschwangau und Neuschwanstein versteckt sich zwischen Felswänden und bewaldeten Hängen hinter den beiden Schlössern, von denen aus sich ebenfalls grandiose Ausblicke auf diesen Moränenstausee bieten. Kein Wunder, dass der Alpsee der Lieblingsbadesee des ›Märchenkönigs‹ Ludwig II. (1845–1886) war. Auch heute laden Strand und eine Freibadeanlage zum erfrischenden Bad im 62 m tiefen See ein.

DER TEGELBERG (1881 m) bei Schwangau hinter Füssen ist dank Kabinenseilbahn, Gastronomie und großartiger Aussicht der meistbesuchte Ausflugsberg im Ammergebirge, Bayerns größtem Naturschutzgebiet. Wegen der relativen Weitläufigkeit bildet das aus zahlreichen Zacken, Zinken und Schrofen bestehende Bergmassiv den Rahmen für unterschiedlichste Outdoor-Betätigungen, vom Panorama-Spaziergang bis zum Klettersteig. Der anfangs leichte, später gesicherte Steig zum Gipfelkreuz auf dem Branderschrofen beginnt am Drachen- und Gleitschirmfliegerstartplatz bei der Tegelbergbahn-Bergstation (1720 m) und dauert eine halbe Stunde. Während der Maximiliansweg die Tegel-

NEUSCHWANSTEIN bei Füssen, von Ludwig II. zwischen 1868 und 1886 erbaut, erscheint im Nebel wie ein Märchenschloss.

IN KÜRZE

LAGE Bayern, Regierungsbezirke Schwaben und Oberbayern

LÄNGE 370 km

HÖCHSTER PUNKT Hochplatte (2082 m) auf dem Abschnitt zwischen Füssen und Schloss Linderhof

START Lindau (400 m), Insel- und Hafenstadt am bayerischen Teil des Bodensees

ZIEL Berchtesgaden (572 m) in der Nähe des Königssees

INFO Alpenlandtouristik Postfach 101313 86883 Landsberg Tel. 08191 30 86 20 www.alpenland touristik.de oder www.maximiliansweg.de

KRAFTWERK
Bereits 1924 wurde das Walchenseekraftwerk in Kochel am See als Speicherkraftwerk in Betrieb genommen. Es leistet 124 MW.

Maximilian II. erwarb 1832 als Kronprinz die während der Napoleonischen Kriege beschädigte Renaissance-Burg Schwanstein und ließ sie im romantisierenden ›gothic style‹ zum Schloss Hohenschwangau umbauen. Moritz von Schwind entwarf nach mittelalterlichen Sagen die Wandgemälde des Schlosses, darunter Darstellungen der Sage vom Schwanenritter (Lohengrin). Der Schwan war das Wappentier der Grafen von Schwangau.

bergbahn als Aufstiegshilfe benutzt, führt der E4 steil und in lang gezogenen Kehren von der Pöllatschlucht hinauf, vorbei an bizarren Felszacken.

VON DER BERGSTATION der Tegelbergbahn führt der Naturpfad Ahornreitweg über den Brandnerfleck zur Bleckenau. Dieser Weg ist ein Klassiker unter den bequemen Genusswanderwegen im Königswinkel. Seinen Namen trägt er nach Maximilian II., der diesen Weg um 1850 anlegen ließ, um möglichst bequem per Pferd ins königliche Jagdrevier am Tegelberg zu gelangen. Schautafeln informieren über geologische und ökologische Zusammenhänge, über den Bergwald und seine Geschichte sowie über Flora und Fauna der Region vom Alpensalamander bis zum Adler.

SCHLOSS LINDERHOF bei Ettal ist die nächste Station auf dem Weg. Linderhof ist das kleinste der drei Schlösser, die Ludwig II. errichten ließ. 1868–1878 wurde es nach Plänen Georg Dollmanns im Stil des Neurokoko erbaut und nach Entwürfen von Franz Seitz und Christian Jank ausgestattet. Die Parkanlage, die von dem Hofgartendirektor Carl von Effner gestaltet worden war, und das Schloss lohnen unbedingt einen Besuch. Ludwig II. war mit seinem Gärtner übrigens so zufrieden, dass er ihn in den persönlichen Adelsstand erhoben hat.

ÜBER ESCHENLOHE führt der Weg zum Walchensee, mit über 16 km² und einer maximalen Tiefe von 192 m einer der größten Alpenseen Deutschlands. Der See ist ein Paradies für Surfer und Segler, und da das Wasser sehr klar ist, wird er auch von Tauchern gerne genutzt. Vom Walchensee aus geht es weiter zum Luftkurort Lenggries, der Ort ist besonders für seine Wintersportmöglichkeiten bekannt, nachdem am Brauneck bereits 1957 die erste Liftanlage in Betrieb genommen wurde. Über Fischbachau geht es weiter ins Rosenheimer Land und zum Wendelstein.

DER WENDELSTEIN (1838 m) im Mangfallgebirge ist der Wander- und Aussichtsklassiker des Rosenheimer Landes. Mehr als 1000 Höhenmeter über den Heilbädern Bad Aibling und Bad Feilnbach, dem ›bayerischen Meran‹, hebt er sein Haupt am Maximiliansweg als einer der ›Hausberge‹ Bayerns. Dank der exponierten Lage zwischen Inn, Leitzach und Mangfall bietet er einen traumhaften Blick bis weit in die Zentralalpen hinein sowie über das Alpenvorland hinweg bis zum Böhmerwald: Vom Gipfel überschaut man ein Panorama vom Watzmann über Großglockner, Großvenediger, die Stubaier Alpen, Karwendel- und Wettersteingebirge mit der Zugspitze bis zu den Allgäuer Alpen, an klaren Tagen schweift der Blick über das Alpenvorland hinweg bis zu den Türmen von München und zur Kammlinie des Böhmerwaldes. Die Wendelsteinbahn, die älteste Zahnradbahn Bayerns, fährt seit 1912 vom Luft-

ALPHÖRNER AUF DEM BREITENBERG – GROSSE TÖNE Der Breitenberg (1838 m) ist der Hausberg des Kurorts Pfronten und dank der leichten Erreichbarkeit mit der Breitenbergbahn ein beliebter Panoramaberg im Ostallgäu. Das Plateau Hochalpe ist alljährlich Ende September Schauplatz der stimmungsvollen Alphorn-Bergmesse des Allgäu-Schwäbischen Musikbundes. Ab 10 Uhr ertönt in der himmlischen Naturkulisse der Tannheimer Berge der durchdringende Klang der Alphörner. Aktuelle Termine erfährt man über www.pfronten.de.

MYTHOLOGIE IM PARK SCHLOSS LINDERHOF

Der Florabrunnen ist nur einer von mehreren kunstvoll ausgestalteten Brunnen, die Ludwig II. um Schloss Linderhof errichten ließ. Der Bildhauer Michael Wagmüller (1839–1881) hatte ihn für den kunstsinnigen König entworfen. Von Wagmüller stammen mehrere Brunnen und Figurengruppen im Schlosspark, darunter die Brunnengruppe ›Amor mit Delphinen‹, die ›Neptungruppe‹ und der ›Najadenbrunnen‹ sowie drei große Gartenvasen und die Büste von Marie Antoinette.

OBEN Die Pöllatschlucht unterhalb von Schloss Schwanstein, in der Ludwig II. schon als Kind regelmäßig unterwegs war.

LINKS Ein altes Bootshaus auf dem Chiemsee, im Hintergrund die Kampenwand.

RECHTS Steinböcke sind im Bereich der Benediktenwand keine Seltenheit. Doch so nah sieht man sie nur durch ein starkes Fernglas.

TANDEMFLUG
Von der Kampenwand aus sind für Anfänger auch Tandemflüge mit dem Gleitschirm möglich, die bis zu 1/2 Stunde dauern können (www.tandemfliegenchiemgau.de).

DAS GIPFELKREUZ des Herzogstands, von dem aus man auf den Kochelsee, den Walchensee und Jochberg blickt.

kurort Brannenburg im Inntal sommers wie winters durch sieben Tunnel sowie über acht Galerien und zwölf Brücken bis dicht unter den Gipfel.

DIE KAMPENWAND (1668 m) mit dem zwölf Meter hohen Chiemgaukreuz ist das Wahrzeichen des Chiemgaus. Vom ›bayerischen Meer‹ aus zeigt sie sich als drachenkammartig verwitterte Felswand, der höchste Gipfel des Felsgrats, der Ostgipfel, trägt das solar als Leuchtkreuz betriebene Chiemgaukreuz. Über die Kampenwand führen der Maximiliansweg, die Via Alpina und der Europäische Fernwanderweg 4, hinzu kommen von der leichten Bergwanderung bis zur alpinen Abfahrt und zum Klettergarten Routen aller Schwierigkeitsgrade. Wer es bequem mag, schwebt von Aschau im Priental mit der Gondelbahn zum Kampenwandhaus hinauf. Wer den Gipfel von dort in einer halben Stunde ersteigt, muss trittsicher und schwindelfrei sein. Dafür genießt man eine herrliche Aussicht zu den Zentralalpen sowie auf das Voralpenland mit dem Chiemsee.

MIT DER ÜBERSCHREITUNG der von Steinböcken belebten Benediktenwand-Gruppe folgt auf die Heimgarten-Herzogstand-Gratwanderung eine weitere Highlight-Etappe am Maximiliansweg. Der erste der Gruppe, der Jochberg (1565 m), ist ein Aussichtsberg, der bei Gleitschirmfliegern sehr beliebt ist. Von ihm aus zieht der Blick über die Bayerischen Voralpen bis über den Walchensee hinweg auf die Spitzen des Karwendels und des Wettersteingebirges. Unter der Nordwand der Benediktenwand liegt die Tutzinger Hütte. Die folgende Etappe des Maximiliansweges führt nach Marquartstein und Ruhpolding.

AUCH DER HOCHGERN (1748 m) über dem Chiemsee, einer der Wanderberge des Chiemgaus, ist für seinen grandiosen Gipfelblick bekannt. Über 1200 Höhenmeter sind von Marquartstein (546 m) im Tal der Tiroler Achen zu überwinden, zwischendurch gibt es Stärkung und Unterkunftsmöglichkeit im Berggasthof Hochgernhaus, ehe der einem Panoramaspaziergang ähnelnde Schlussanstieg zur kleinen Kapelle und zum Gipfelkreuz auf dem Hochgern beginnt: Von der Zugspitze bis zum Dachstein reicht die Sicht, im Norden funkelt der Chiemsee.

DER LETZTE STRECKENABSCHNITT führt über die für ihre Solebäder berühmte Kurstadt Bad Reichenhall an der Bahnstrecke nach Bayerisch Gmain entlang über Hallthurn (696 m) nach Berchtesgaden (571 m), in die Stadt nahe dem Königssee und dem Watzmannmassiv.

Die Via Alpina ist das umfassendste Fernwanderwegenetz der Alpen. Auf über 5000 km verbindet sie Gipfel, Grate und Täler und führt zu den natürlichen und kulturellen Glanzpunkten der acht Alpenstaaten. Die Routen der Via Alpina verlaufen auf bereits existierenden, markierten Wander- und Bergwanderwegen, die mit der Zusatzmarkierung ›Via Alpina‹ ausgeschildert sind. In Bayern folgt die Via Alpina größtenteils dem Maximiliansweg.

ST. BARTHOLOMÄ – KAPELLE VOR DEM WATZMANN Die Wallfahrtskapelle St. Bartholomä befindet sich am Westufer des Königssees auf der Halbinsel Hirschau. Man erreicht sie am bequemsten mit den lautlos über den See gleitenden Elektrofährbooten. Zwei unterschiedliche kupfergedeckte rote Zwiebeltürme schmücken die weiße Kapelle. Von hier aus gelangt man in gut einer Stunde Fußweg ins hintere Eisbachtal zur sogenannten Eiskapelle am Fuß der Watzmann-Ostwand.

Lindau • 20 km • Wolfurt (Österreich) • 20 km • Lingenau (Österreich) • 31 km • Gunzesried • 45 km • Füssen • 31 km • Schloss Linderhof • 15 km • Eschenlohe • 13 km • Walchensee • 29 km • Lenggries • 33 km • Fischbachau • 42 km • Berggasthaus Kampenwand • 32 km • Ruhpolding • 24 km • Bad Reichenhall • 19 km • Berchtesgaden

VORBEIZIEHENDE LANDSCHAFTEN
ERLEBNISFAHRTEN MIT DER EISENBAHN

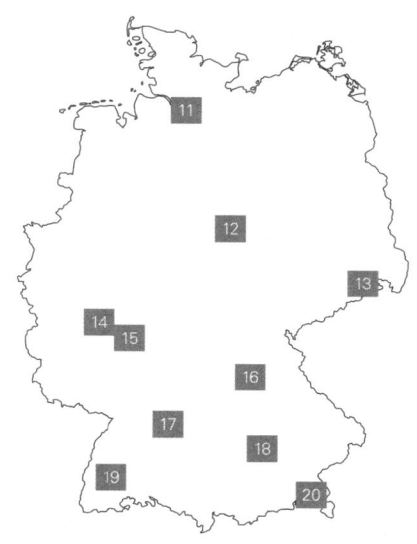

TOUR 11 | SEITE 64 DIE SALZLUFT IN DER NASE VON HAMBURG NACH WESTERLAND (SYLT)

TOUR 12 | SEITE 70 UNTERWEGS AUF SCHMALEN SPUREN BAHNWANDERN IM HARZ

TOUR 13 | SEITE 74 DAS ELBTAL UND DIE SÄCHSISCHE SCHWEIZ VON DRESDEN NACH SCHÖNA

TOUR 14 | SEITE 78 AN DER MOSEL ENTLANG VON KOBLENZ NACH PÜNDERICH

TOUR 15 | SEITE 82 DIE LORELEY IM BLICK VON MAINZ ÜBER KOBLENZ NACH BONN

TOUR 16 | SEITE 86 FAHRT ÜBER DIE »SCHIEFE EBENE« VON DRESDEN NACH NÜRNBERG

TOUR 17 | SEITE 90 ÜBER DIE GEISLINGER STEIGE VON STUTTGART NACH ULM

TOUR 18 | SEITE 92 DIE ALLGÄUBAHN VON MÜNCHEN NACH LINDAU

TOUR 19 | SEITE 98 KOSTENLOS DURCHS MURG- UND HÖLLENTAL DEN SCHWARZWALD ERLEBEN

TOUR 20 | SEITE 102 BERGE, SEEN UND DAS »WEISSE GOLD« VON MÜNCHEN NACH BERCHTESGADEN

OBEN Das 1996 am Hamburger Hafen eröffnete ›stilwerk‹ versteht sich als Design-Marktplatz, als »Drehscheibe für Einrichtung, Design und Lifestyle«.

UNTEN Der Hamburger Hauptbahnhof ist die Drehscheibe für den norddeutschen Schienenverkehr. Erbaut wurde er zwischen 1903 und 1906. Die Halle hat eine Spannweite von 206 m.

11

DIE SALZLUFT IN DER NASE
VON HAMBURG NACH WESTERLAND (SYLT)

Der Weg ist das Ziel – und manche Wege sind der Bahn vorbehalten. Nur sie allein durchquert einen Schutzbereich des Wattenmeers, den nicht einmal Fußgänger betreten dürfen. Ein exklusives Privileg für Bahnreisende ...

Mit dem Ausbau des Bahnnetzes Anfang des letzten Jahrhunderts wurde der gepflegte Tagesausflug an die See für die Hamburger »Haute Volaute«, wie die feinere Gesellschaft damals hieß, machbar. In wenigen Stunden war man in den Nordseebädern. Selbst bis in das mondäne Sylt brauchte man nicht einmal mehr einen halben Tag, nachdem 1927 der Hindenburgdamm fertiggestellt war. Heute ist die Strecke nach Sylt natürlich kein Privileg besserer Kreise mehr – jeder kann sie genießen und es lohnt sich!

WER FÜR EINEN KURZURLAUB die Bahnstrecke von Hamburg nach Sylt nutzen möchte, hat einige Gestaltungsmöglichkeiten. Er kann sich auf einen – oder beide – Endpunkte der Reise konzentrieren und die Differenz dazwischen »in einem Rutsch« zurücklegen. Oder er teilt die Strecke ein in kleinere Tagestouren und genießt jeweils am Etappenziel die neue Umgebung. Glückstadt, Heide und Husum bieten sich zur Unterbrechung an, ohne den anderen potenziellen Zielorten zu nahe treten zu wollen.

DIE STRECKE von Hamburg nach Sylt hat den Namen »Marschbahn«. Eigentlich setzt diese erst in Elmshorn ein, wenige Kilometer nordwestlich von Hamburg, allerdings beginnen die Züge heute entweder in Hamburg Hbf. oder in Hamburg Altona. Die Marschbahn, wie sie heute bekannt ist, gibt es erst seit den 1920er-Jahren. Die vorherigen Streckenführungen wurden durch den Ausbau des Nord-Ostsee-Kanals unterbrochen oder erforderten eine umfangreiche Neutrassierung. Auch der Bau des Hindenburgdamms stammt aus dieser Zeit.

BIS AUF WENIGE AUSNAHMEN verläuft die Strecke durch das flache Schleswig-Holstein, ohne allerdings irgendwann langweilig zu werden. Immer wieder werden Wasserläufe und Kanäle überquert. Am eindrucksvollsten ist die Kreuzung des Nord-Ostsee-Kanals, einem für die Seeschifffahrt bedeutenden Wasserweg. Dieser wird von der Hochdonn-Brücke, einer Stahlbrücke von 2218 m Länge, überspannt, deren breiteste Öffnung über dem Kanal 143 m misst. Vor 1920 und somit vor dem Bau der Marschbahn musste der Kanal in Brunsbüttel mittels einer Drehbrücke überquert werden. Die Hochdonn-Brücke erreicht der Zug etwa 18 km hinter Itzehoe. Zweifellos ist die Überquerung des Kanals auf dieser imposanten Stahlkonstruktion einer der beiden eindrucksvollen Höhepunkte der Bahnreise Richtung Norden. Mit langem Anlauf wird Höhe gemacht, die Aussicht aus den Zugfenstern wird minütlich eindrucksvoller, alle paar Sekunden erweitert sich der Horizont. Bei klarer Sicht reicht der Blick etliche Dutzend Kilometer weit.

WIR ERREICHEN HEIDE und danach Friedrichstadt. Bei Friedrichstadt wird die Eider auf einer Drehbrücke überquert. Dadurch wurde der Schiffsverkehr auf der Eider landeinwärts weiterhin er-

IN KÜRZE

LAGE
Hamburg/westliches Schleswig-Holstein

LÄNGE
238 km Bahnstrecke

HÖCHSTER PUNKT
42 Meter hohe Hochbrücke Hochdonn über den Nord-Ostsee-Kanal

AUSGANGSPUNKTE
(empfohlen): Hamburg, Itzehoe, Heide, Husum, Niebüll oder Westerland

INFO
www.sylt.de
www.hamburg-tourism.de

MINIATURLAND
Die weltgrößte Modelleisenbahnanlage befindet sich in Hamburgs Speicherstadt – das Miniatur Wunderland (www.miniatur-wunderland.de).

Reichspräsident Paul von Hindenburg kam am 1. Juni 1927 persönlich zur Einweihung des nach ihm benannten 11,2 km langen Eisenbahndamms zwischen dem Festland und Sylt. In der 4 Jahre dauernden Bauphase wurden über 3 Mio. m³ Sand und Lehm sowie 120 000 t Steine verarbeitet. Die Entwicklung des Sylter Fremdenverkehrs wäre ohne den Hindenburgdamm so nicht denkbar gewesen.

möglich. In der nächsten größeren Station, Husum, gibt es Zugverbindungen nach Sankt-Peter-Ording und Kiel. Der private Betreiber des Nahverkehrs, die Nord-Ostsee-Bahn (NOB), hat hier sein Betriebswerk. Die Hafenzufahrt nördlich des Bahnhofs wird auf einer Klappbrücke gekreuzt.

NACH HUSUM schwenkt die Strecke wieder von der Küste weg landeinwärts. Über Hattstedt, Strukum, Langenhorn, Stedesand und Lindholm wird Niebüll erreicht. Hier starten die Autotransportzüge nach Westerland auf Sylt. Hinter Niebüll verläuft die Strecke zunächst in westlicher Richtung und erreicht über Klanxbüll den Hindenburgdamm. In einem weiten Bogen wird Anlauf genommen, um den Zug auf Höhe zu bringen – der Damm liegt gut 15 m über Meeresniveau. Dann kommt der zweite Glanzpunkt der Fahrt: Wann kann man schon bequem im Zug sitzend eine Seefahrt machen? Nach gut elf Kilometern ist wieder Land in Sicht, der erste Bahnhof auf Sylt, Morsum, wird erreicht und schließlich die Endstation Westerland.

DER GRÖSSTE TEIL der Strecke inklusive des Hindenburgdamms ist zweigleisig ausgeführt. Lediglich aus betrieblichen Gründen blieben einige kurze Abschnitte eingleisig, wie z. B. die Eiderbrücke bei Friedrichstadt. Da die Strecke ab Itzehoe nicht mehr elektrifiziert ist, müssen spätestens hier die Züge auf Diesellocks umgespannt werden. Oft wird aber bereits direkt ab Hamburg schon mit Dieseltraktion gefahren.

WER MEHR ZEIT einplant, der sollte von Niebüll aus einen Abstecher nach Dagebüll und weiter zu den vorgelagerten Inseln machen (z. B. Föhr). Direkt vor dem DB-Bahnhof in Niebüll zweigt die 13,7 km lange Nebenbahn nach Dagebüll ab. Mit immer wieder neuen, gebraucht erworbenen Fahrzeugen (meistens Triebwagen) schafft diese Privatbahn die Anbindung zum Fährhafen. Selbst IC-Kurswagen werden mit diesen Zügen transportiert.

BESONDERS ORIGINELL sind Fahrten mit den Halligbahnen, entweder wiederum ab Dagebüll nach Oland und Langeneß oder von Lüttmoorsiel, etwa 15 km nordwestlich von Husum, nach Nordstrandischmoor. Die Halligbahnen sind eigentlich ein Relikt längst vergessener Zeiten. Dennoch haben diese beiden Bahnen nicht nur bis heute überlebt, sondern gehören zum Alltag der Halligbewohner. Die Bahn von Lüttmoorsiel aus wurde in den letzten Jahren sogar aufwendig erneuert und auf eine höhere Trasse verlegt, um sie auch bei Flut nutzen zu können. In beiden Fällen dürfen die Loren nur von Bewohnern der Halligen und deren Angehörigen benutzt werden … und von Feriengästen! ■

NOSTALGIE AUF SCHMALER SPUR Südlich der Insel Föhr befinden sich einige kleinere, kaum bewohnte Inseln, die sogenannten Halligen. Einige davon sind auf Schmalspurschienen über einen Damm von der Küste aus erreichbar. Befahren werden die Strecken mit meist privat gebauten Motorloren, die oft nur aus einem Fahrgestell bestehen – bei Richtungswechsel wird der ganze Motor einfach umgedreht.

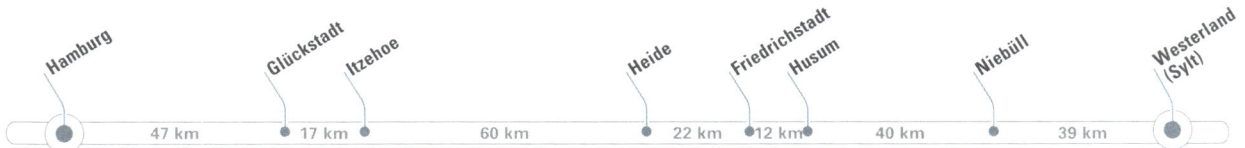

LINKS Die Kellerkammer in Keitum auf Sylt ist typisch für den altfriesischen Wohnstil.

UNTEN LINKS Dieser kleine Hafen befindet sich auf der nordfriesischen Hallig Hoog.

UNTEN RECHTS Husum, die Geburtsstadt des Schriftstellers Theodor Storm (1817–1888), ist eine der Stationen auf der Bahnstrecke. Unten sieht man das »Schloss vor Husum«, das so heißt, weil es zu der Zeit seiner Erbauung im 16. Jh. außerhalb der Stadtgrenzen lag. Heute gehört es zu Husum und beherbergt ein Museum.

11

TAGSÜBER gehört er den Sonnenanbetern und Wasserratten, morgens und abends den Joggern und Strandspaziergängern: der Strand von Westerland.

12

UNTERWEGS AUF SCHMALEN SPUREN
BAHNWANDERN IM HARZ

Von Nordhausen zieht man vorbei an Sorge und Elend und kann es dann der Dampflok überlassen, sich bis zum Gipfel des Brocken hochzuquälen. Dass man dort tanzende Hexen zu Gesicht bekommt, ist allerdings nicht garantiert.

Der Harz ist für die Norddeutschen das Wandergebirge schlechthin: Gut und in kurzer Zeit erreichbar, preiswert und zu kaum einer Jahreszeit überlaufen. Für die »Restdeutschen« bietet er den Hauch der Exotik und bringt somit den einen oder anderen Gast zusätzlich. Die Schmalspurbahn ist gewissermaßen das Sahnehäubchen auf dem Wander-Schmankerl: gemütlich und nostalgisch.

ES WAREN MEHRERE UMSTÄNDE, welche die Harzer Schmalspurbahnen haben überleben lassen in einer DDR, die wenig Sinn für Romantik hatte, die allerdings durchaus den Mangel verwalten konnte. Das Schmalspurnetz (in 1000 mm Spurweite) hatte einige Vorteile: Es bot sich an für Gütertransporte in einer Region mit katastrophalen Straßen, es stellte auch im Winter die Versorgung der Armeeposten in der Grenzregion sicher, bot einen verlässlichen Personentransport quer durch das unwirtliche Gebirge und auch für Familienausflüge am Wochenende waren das geeignete Verkehrmittel die Harzbahnen. Allerdings hatte alles seine Grenzen, der Brocken selbst war Sperrgebiet und für alles im Nahbereich des »anti-imperialistischen Schutzwalls« gab es schärfste Restriktionen.

IM EINSTIGEN SPERRGEBIET ist heute der Brocken wieder das Highlight der gesamten Region. Ein Brocken in der Norddeutschen Tiefebene, immerhin knapp 1142 m hoch und der einzige derartige Riese weit und breit. Bei gutem Wetter bietet er eine faszinierende Rundumsicht, bis über 100 km weit! Und wer es bequem haben möchte, der erreicht den Gipfel im nostalgischen Dampfzug. Zwar wurde der Zugbetrieb im Vergleich zu DDR-Zeiten sehr stark ausgedünnt, auf einigen Strecken werden zudem Triebwagen eingesetzt. Aber auf vielen Strecken verkehren auch heute noch Dampfloks, vor allem auf der Strecke von Wernigerode auf den Brocken. Die Strecken der Harzer Schmalspurbahnen:

WERNIGERODE – DREI ANNEN HOHNE – BROCKEN (19 km). Diese Strecke ist der Dukatenesel der Bahn. Entsprechend viele Züge verkehren hier täglich. Neben einem dichten, teilweise im Stundentakt verkehrenden planmäßigen Betrieb werden oft Sonderzüge gefahren. Für diese existieren sogar noch uralte Gelenkloks der Bauart »Meyer« von der vorletzten Jahrhundertwende. Die Züge werden von Wernigerode direkt bis zum Brocken geführt, Reisende von Nordhausen müssen in Drei Annen Hohne umsteigen. So sieht dieser Bahnhof heute noch täglich drei Dampfzüge gleichzeitig, was wohl einmalig in Europa ist. Die Strecke durchquert Wernigerode als »Dampfstraßenbahn«. Bei Steinerne Renne beginnt der eigentliche Anstieg. Ab hier führt auch ein leicht begehbarer Wanderweg die Gleise entlang. Die Bahnlinie folgt zunächst einem Bachlauf, dann geht es durch dichten Wald über Hufeisenkurven und durch den einzigen Tunnel der Strecke aufwärts. Direkt

EINE DAMPFLOKOMOTIVE der Baureihe 99 222 von 1931 in Frontansicht. Sie ist bei der Harzquer- und Brockenbahn im Einsatz.

IN KÜRZE

LAGE
Sachsen-Anhalt/Thüringen

LÄNGE Ca. 100 km Bahnstrecke, unabdingbar ist eine Fahrt auf den Brocken und eine Rundreise

HÖCHSTER PUNKT
Brocken, 1141 m

AUSGANGSPUNKTE
(empfohlen): Wernigerode, Nordhausen, Drei Annen Hohne oder einer der Orte mit Bahnhof an der Strecke Nordhausen – Wernigerode

INFO
www.info-harz.de/Tipps-und-Infos-Harzer-Schmalspurbahnen_12.html

ALLTAGSBETRIEB
Wer erleben möchte, wie Dampfloks gewartet werden, kann in Wernigerode von einer Tribüne aus dabei zuschauen.

Die Wendeschleife im Bahnhof von Stiege ist für Eisenbahnfreunde in ganz Europa von besonderer Bedeutung. Sie ermöglicht es, dass ein Zug, ohne die Fahrtrichtung zu ändern, eine Strecke wieder zurückfahren kann. Deshalb ist hier der Einsatz von Einrichtungsfahrzeugen möglich. Da es sich bei der Selketalbahn um eine Schmalspurstrecke handelt, kann der Radius dieser Schleife besonders eng sein – das macht sie zur Rarität für Eisenbahnfreunde.

hinter dem Bahnhof Drei Annen Hohne verlässt die Strecke auf den Brocken die eigentliche Hauptlinie nach Nordhausen.

NACH DEM ABZWEIG wird den Dampfloks alles abgefordert, im Bahnhof Schierke besteht die letzte Zustiegsmöglichkeit. Weiter geht es steil bergauf, bald ist die Baumgrenze erreicht, die Aussicht wird immer besser – vorausgesetzt das Wetter spielt mit. Zum Abschluss wird der Brocken zunächst einmal umrundet, bevor auf dem recht kleinen Plateau der Endbahnhof erreicht ist. Bei gutem Wetter bekommt der Reisende so per »Karussell-Fahrt« einen 360°-Rundblick über die norddeutsche Ebene bzw. über den angrenzenden Teil des Harzes geboten.

NORDHAUSEN – DREI ANNEN HOHNE (46 km). Diese Strecke von Nordhausen herauf fungiert als Zubringer. Auf den ersten Kilometern teilt die Bahn sich die Schienen mit einer dieselelektrischen Straßenbahn, die sich vor allem zur Beförderung von Schülern der Nordhausener Vororte etabliert hat. Ortsnamen wie Sorge und Elend zeigen, dass die nächsten Kilometer noch nie das Wohlstandsviertel der Region waren. In Eisfelder Talmühle gibt es einen Streckenabzweig nach Stiege (von hier Anschluss nach Quedlinburg).

EISFELDER TALMÜHLE – STIEGE – ALEXISBAD – GERNRODE – QUEDLINBURG (50 km) mit den Stichbahnen Stiege–Hasselfelde (3 km), und Alexisbad–Harzgerode (3 km). Die Strecke befährt die sogenannte Selketalbahn und ist vor allem im Tal der namensgebenden Selke, das sie erst bei Mägdesprung verlässt, ein Juwel deutscher Kleinbahnen. Start ist am Schmalspurbahnhof Eisfelder Talmühle, der etwa auf halber Strecke zwischen Nordhausen und Stiege liegt. Bis zur Station Stiege fährt man erst durch ein dichtes Waldgebiet, dann durchquert man das offene Tal der Selke, bevor es nach Stiege geht, wo den Bahnfahrgast auf der Hochebene eine sehenswerte, auch heute noch genutzte Wendeschleife mit weiten Aussichten erwartet. Diese Reise am Ufer des Bachlaufes der Selke eröffnet immer wieder neue Ausblicke wie die auf das kleine Dorf Straßberg, heute ein Ortsteil von Harzgerode, das bis um 1800 das Zentrum des Bergbaus im Unterharz war. Ebenso sind der steile Anstieg nach Harzgerode und der weitere Verlauf der Bahn nach Gernrode vergleichbar sehenswert. Auch hier begleiten, wie fast überall, Wanderwege den größten Teil der Strecke. Allerdings müssen abschnittsweise Wanderungen klug geplant werden, denn die Zugdichte beschränkt sich auf wenige Verbindungen am Tag. ■

TRAIN-SPOTTING IM HARZ Wer die entsprechende Kondition hat, schafft den Weg auf den Brocken auch recht locker zu Fuß, dafür muss man kein Extremsportler sein. Der Wanderweg verläuft meistens in Sichtweite der Bahn, sodass auch Freunden der qualmenden Rösser durchaus zu empfehlen ist, eine der beiden Strecken zu Fuß zu bewältigen. Der echte Dampflokfreund wird dafür die Talstrecke wählen. Auch wenn diese entgegen der landläufigen Meinung schwerer zu gehen ist (das ständige Bergab belastet Gelenke und Muskulatur stärker als das Bergauf die Lunge …), möchte wohl kaum ein wahrer Liebhaber darauf verzichten, seine »geliebte Dampflok« schwer stöhnend bei harter Arbeit zu beobachten – auch im Winter. Bergab wandernd kann er dann, wenn er früh genug aus den Federn gefunden hat, die Bergfahrten der Mittags- und Nachmittagszüge im Bild oder Video festhalten.

LINKS Das »Schloss« von Quedlinburg ist ein ehemaliges Damenstift mit romanischer Stiftskirche.

RECHTS Zwei Bahnangestellte warten die Loks der Harzquerbahn in Wernigerode.

RECHTS Besonders reizvoll ist eine Fahrt mit der Harzer Schmalspurbahn im Winter.

UNTEN Die Selke, ein rechter Nebenfluss der Bode, entspringt im Unterharz im bewaldeten Bereich des Gebirges.

RECHTS Sie sind selten zu beobachten, aber es gibt sie noch: ein Uhu, aufgenommen in Harzgerode.

UNTEN Ein Zug der Selketalbahn mit Dampflok im Bahnhof von Gernrode, südlich von Quedlinburg.

BUS UND BAHN KOMBINIERTE RUNDREISE

Eine schöne Tagesrundfahrt lässt sich mit einer Busfahrt frühmorgens ab Wernigerode nach Quedlinburg beginnen. Ab hier kann über Gernrode – Alexisbad – Stiege – Eisfelder Talmühle (Umsteigen in Richtung Norden) – Drei Annen Hohne zurück nach Wernigerode ein großer Teil des Netzes der Harzer Schmalspubahnen bereist werden. Ein weiterer Umstieg kann je nach Fahrplan in Alexisbad und/oder in Stiege erforderlich sein. Der Abschnitt von Quedlinburg bis Gernrode wurde erst vor wenigen Jahren neu in der passenden schmalen Spurweite gebaut. Nachdem man die Bahnstrecke genossen hat, sollte man die schönen Orte selbst nicht ganz vergessen – allein Quedlinburg und Wernigerode lohnen unbedingt einen Besuch!

13

DAS ELBTAL UND DIE SÄCHSISCHE SCHWEIZ
VON DRESDEN NACH SCHÖNA

Sie ist nicht besonders lang, die Bahnstrecke zwischen Dresden und der tschechischen Grenze, und doch so dicht mit Sehenswürdigkeiten bestückt, dass man als Reisender eigentlich nur eine Wahl hat – häufiger Station zu machen.

Der Dichter Heinrich von Kleist (1777–1811) schrieb einmal seiner Schwester: »Ich blickte von dem hohen Ufer herab über das herrliche Elbtal, es lag da wie ein Gemälde von Claude Lorrain unter meinen Füßen – es schien mir wie eine Landschaft auf einem Teppich gestickt, grüne Fluren, Dörfer, ein breiter Strom, der sich schnell wendet, Dresden zu küssen, und hat er es geküsst, schnell wieder flieht – und der prächtige Kranz von Bergen, der den Teppich wie eine Arabeskenborde umschließt – und der reine blaue italische Himmel, der über die ganze Gegend schwebte...« Kleist hat nicht zu viel versprochen, und wenn der Reisende der Elbe stromaufwärts folgt, wird es eher noch besser. Zwar ist der Name »Sächsische Schweiz« irreführend, weil es hier eben keine hochalpine Gebirgslandschaft gibt. Aber er ist auch treffend, weil die wilde Schönheit und der Reiz der Abwechslung zwischen Flusstal und schroff aufsteigenden Felsen der Bergwelt der Schweiz in Nichts nachsteht …

ZUNÄCHST VERLÄUFT die Bahnstrecke durch das Stadtgebiet Dresdens. Nach wenigen Kilometern in Heidenau bietet sich der Besuch des Barockgartens Großsedlitz mit gepflegten Blumenanlagen, Brunnen und Wasserspielen und des sich majestätisch über den Ort erhebenden Schlosses Weesenstein an.

IN PIRNA wird nach Durchquerung des sehenswerten Städtchens die Elbe erreicht. Das Rathaus, mitten auf dem Marktplatz, vereinigt Stilelemente aus fünf Jahrhunderten. Dahinter befindet sich die gewaltige Stadtkirche St. Marien, deren steiles Dach schon von Weitem erkennbar ist. Ab Pirna folgt die Bahn zunächst dem Fluss, jede Biegung wird von ihr ebenfalls ausgefahren. Immer wieder eröffnen sich neue Ausblicke auf das Elbtal, das sich hier tief in die Hochebene eingeschnitten hat. Die Hänge sind überwiegend dicht bewaldet. Als Nächstes wird die kleine Stadt Wehlen durchfahren. Diese durch die Elbe in zwei Teile zerschnittene Ortschaft dürfte ziemlich einzigartig sein, gibt es doch hier tatsächlich nur eine Fähre, die die beiden Stadtteile verbindet.

VOR DEM KURORT RATHEN wird das Tal wieder etwas weiter, breite Wiesen liegen jetzt zwischen Fluss und Bahn und es folgt die nächste Biegung der Elbe. Eindrucksvoller Hintergrund für Eisenbahnfotos ist hier die Bastei, die bekannteste Felsformation der Sächsischen Schweiz. Auch der Mönchsfelsen und die Burg Altrathen befinden sich hoch über der Stadt. Die alle paar Sekunden wechselnden Ausblicke aus dem Fenster auf Fluss, Wiesen, Ortschaft und schroffe Felsen faszinieren wohl jeden Zugreisenden.

ANSCHLIESSEND wird aus der Elbtalkurve ein »S«, der nächste Aussichtspunkt – Lilienstein – überragt Wiesen, Fluss und Wälder. Immer wieder begleiten kleine Hotels und Gaststätten den Fluss und laden zum Verweilen ein. Am

DAS DENKMAL für Gottfried Semper (1803–1879), den Architekten der nach ihm benannten Oper, aber auch des Hoftheaters und der Gemäldegalerie, befindet sich auf der Brühlschen Terrasse in Dresden. Das 1892 eingeweihte Werk stammt von Johannes Schilling. Im Hintergrund rechts ist die Kuppel der Kunstakademie zu sehen, im Volksmund »Zitronenpresse« genannt.

IN KÜRZE

LAGE Sachsen, Elbtal zwischen Dresden und Schöna

LÄNGE 50 km Bahnstrecke

AUSGANGSPUNKTE (empfohlen): Dresden, Pirna, Kurort Rathen oder Bad Schandau

INFO www.dresden.de
www.saechsische-schweiz.de

> **EISENBAHNMUSEUM**
> Für historisch Interessierte gibt es in Dresden das Eisenbahnmuseum Dresden-Altstadt (www.igbwdresden altstadt.de).

> Das Elbtal wird ab Dresden durch die europäische Hauptstrecke Dresden – Prag – Wien erschlossen, welche hier fast immer in Sichtweite des Flusses verläuft. Die Strecke ist als zweigleisige, elektrifizierte Hauptbahn ausgeführt. Einst als Sächsisch-Böhmische Staatseisenbahn erbaut, gehört die Linie heute zu den wichtigsten europäischen Eisenbahnmagistralen. Bis Schöna verkehren im Übrigen auch Züge der Dresdner S-Bahn.

unteren Ende des »S« liegt mit Königstein der nächste größere Ort. Hinter dem Städtchen ist dann die Umrundung des Liliensteins um 270 Grad beendet. Fluss und Bahn haben jetzt wieder dieselbe Ausrichtung wie vor Rathen.

ABER DIE »KURVEREI« geht weiter, der nächste Schlenker, wieder Richtung Süden, folgt. Bei Prossen auf der gegenüberliegenden Seite befindet sich sogar ein kleiner Hafen zur industriellen Nutzung. Eine eindrucksvolle, frisch renovierte Bahnbrücke ermöglicht der Strecke von Sebnitz die Querung der Elbe und kündigt das Erreichen des Bahnhofs von Bad Schandau an. Dieser liegt, isoliert vom Ort selbst, auf der linken Elbseite, über die Elbe hinweg eröffnet sich ein Blick auf das hübsche Städtchen. Neben der Kirschnitztalbahn – die einen Abstecher lohnt – ist auch ein 1905 gebauter Personenaufzug in den Ortsteil Ostrau sehenswert. Der von Kühnscherf & Söhne/Dresden gebaute Aufzug erinnert in seiner Eisenkonstruktion an ein Bauwerk von Eiffel. Der Aufzugsturm ist 50 m hoch, eine 35 m lange und 3 m breite Brücke ermöglicht den Übergang auf die Hochebene.

DIE KIRNITZSCHTALBAHN sollten Fans von traditionsreichen alten Fahrzeugen nicht auslassen. Verlässt man in Bad Schandau den Zug für einige Stunden, so kann man nach wenigen Kilometern Fußweg über die Elbe oder einer kurzen Busfahrt einen Ausflug mit der historischen Straßenbahn (BJ 1889) ins Kirnitzschtal unternehmen. Die Kirnitzschtalbahn mit einer Spurweite von 1000 mm fährt planmäßig als Überlandbahn von Bad Schandau nach Lichtenhainer Wasserfall, auf einer 8,3 km langen elektrifizierten Strecke. Am Ende der Fahrt befindet sich ein sehenswerter Wasserfall, der allerdings immer nur minutenweise und mit musikalischer Untermalung »eingeschaltet« wird. Die restliche Zeit müssen die Wassermengen Strom erzeugen…

KURZ HINTER Bad Schandau erreicht man den Krippener Bahnhof und stößt wenige Kilometer später an die deutsch-tschechische Grenze. Das Städtchen Schöna, auf der Hochebene gelegen, bildet den letzten Bahnhof auf deutscher Seite. Wir sind am Ziel.

DIE HEUTE für Besucher des Nachbarlands offene Grenze verläuft anschließend ein Stück weit nach Süden in der Flussmitte. Am Landschaftsbild ändert sich wenig, das Tal wird jedoch wieder enger. Wenige Kilometer später überquert die nach Westen verlaufende Grenze die Elbe. ■

NOCH IMMER UNTER DAMPF – TIPPS FÜR TAGESAUSFLÜGE Sachsen ist auch heute noch ein Schmalspurparadies. Ideal für einen Tagesausflug: die beiden dampfbetriebenen Strecken Freital-Hainsberg – Dippoldiswalde, die »Weißeritztalbahn« (26,7 km), und Radebeul – Radeburg (16,5 km), die beide heute von der SDG (Sächsische Dampfeisenbahngesellschaft mbH) betrieben werden. Die Ausgangsbahnhöfe sind von Dresden aus gut mit öffentlichen Verkehrsmitteln erreichbar. Der Charakter der beiden Strecken ist recht unterschiedlich: Während Radebeul – Radeburg nördlich von Dresden ein nur leicht hügliges Wald- und Seengebiet durchquert, kämpft sich die Strecke Freital-Hainsberg – Dippoldiswalde durch enge Schluchten, an einem Stausee entlang mit deutlichen Steigungen in die südlich gelegenen Berge.

AUCH MAL ZU FUSS
PANORAMAWANDERWEG

Auf dem Elbtal-Panoramaweg kann die Strecke Dresden – Bad Schandau erwandert werden. Vorgeschlagen werden für die etwa 40 km vier Tage (Übernachtungen in Pirna, Rathen und Königstein). Teilweise verläuft der Weg im Elbtal, der Wanderer erklimmt aber auch über 200 Höhenmeter zur berühmten »Bastei« und 300 Höhenmeter zum Aussichtspunkt Lilienstein. Beide Aussichtspunkte bieten einen einmaligen Ausblick auf das Elbtal und die Bahnstrecke.

OBEN Die Ortsteile der kleinen Stadt Wehlen verteilen sich auf beide Elbufer und sind nur durch eine Fähre miteinander verbunden.

RECHTS Blick von der Felsenburg Königstein aus auf den gegenüberliegenden Lilienstein.

LINKS Eine Puttenfigur im Barockgarten Großsedlitz bei Heidenau, eine der Stationen der Bahnstrecke hinter Dresden, die eine Unterbrechung lohnen.

RECHTS Wer hier wohnt, hat den besten Überblick – das Villenviertel Ostrau in Bad Schandau erreicht man über einen 1904 erbauten, freistehenden 50 m hohen Aufzug.

14

AN DER MOSEL ENTLANG
VON KOBLENZ NACH PÜNDERICH

Das Filetstück der Bahnstrecke zwischen Koblenz und Trier ist sicher die erste Teilstrecke bis Bullay und Pünderich. Wenn der Zug nicht gerade in einem Tunnel verschwindet, hat der Reisende hier stets das schöne Moseltal vor Augen.

Die Bahnstrecke im Moseltal von Koblenz bis Pünderich gehört zu den landschaftlich schönsten Strecken Deutschlands, umso mehr als sie neben immer wieder neuen Ausblicken auf das Moseltal auch durch technische Meisterleistungen wie imposante Brücken, Tunnel und das Hangviadukt beeindruckt. Die Mosel wird allerdings heute nur noch im unteren Teil bis Pünderich von der Bahn erschlossen. Die früher ab Bullay Richtung Trier weiter parallel zum Fluss verlaufende MoBahn ist seit 1962 stillgelegt. Die heutige Strecke der Deutschen Bahn verabschiedet sich nach Pünderich von der Mosel und wechselt in die Voreifel. Hier war die Strecke deutlich einfacher zu trassieren. Gleichwohl, die 65 km zwischen Koblenz und Pünderich haben es in sich – ein Muss für jeden Eisenbahnfreund.

NACH DER AUSFAHRT aus dem Koblenzer Hauptbahnhof wird auf der Gülser Eisenbahnbrücke nach nur drei Kilometern erstmalig die Mosel überquert. Für die nächsten 55 Kilometer verläuft die Strecke dann auf der linken Flussseite. Bei Winningen erreicht die Bahntrasse das Ufer der Mosel, ihm folgt die Strecke jetzt einige Kilometer, auf der anderen Seite die ersten Steillagen mit köstlichem Moselwein. Kobern, Kattenes, Löf und Hatzenport heißen die nächsten Bahnhöfe, für Weinkenner keine unbekannten Namen.

WEITER GEHT ES durch das enge Moseltal, immerhin müssen sich zwei Bundesstraßen, die Bahnstrecke und der häufig sogar aufgestaute Fluss mit Schleusen das enge Tal teilen. Rechts und links ragen die steilen Hänge in den Himmel. Jede Parzelle, die auch nur halbwegs eine Südausrichtung hat, ist mit Weinstöcken bepflanzt.

ES FOLGEN die Orte Moselkern, Karden, Pommern und Klotten. Jedes Städtchen bietet eine neue Variation des malerischen Fachwerkbaustils, der hier typisch ist. Reisende Richtung Trier müssen logischerweise auf der linken Seite Platz nehmen, wenn sie viel vom Fluss sehen wollen. Hinter Klotten nimmt beim Annähern an Cochem die gewaltige Reichsburg den Blick gefangen. Hoch ragt sie über dem Moseltal auf. Cochem ist das Mittelzentrum der Region, ein idyllisches Städtchen mit viel Fachwerkromantik. Im Herbst wird Cochem von Weintouristen aus Deutschland und den angrenzenden Nachbarländern förmlich überrannt.

DIREKT HINTER COCHEM wird der Cochemer Krampen in einem Tunnel unterquert und damit eine der großen Moselschleifen gekappt. Eine Strecke von 30 km verkürzt sich so auf 5 km. Der zwischen 1874 und 1877 erbaute Kaiser-Wilhelm-Tunnel (auch Cochemer Tunnel genannt) nach Ediger-Eller war mit 4205 m Länge über viele Jahre der längste Tunnel Deutschlands. Seit dem 13. August 2008 wird eine parallel verlaufende, 4242 m lange Tunnelröhre gebaut, die 2015 fertiggestellt sein soll.

BLICK ÜBER DIE MOSEL auf die Stadt Cochem mit ihrem Wahrzeichen, der Reichsburg, die so heißt, weil sie – ähnlich wie die Pfalzen – im Mittelalter von kaiserlichen Beamten verwaltet wurde.

IN KÜRZE

LAGE
Rheinland-Pfalz, zwischen Koblenz und Bullay bzw. Bengel in der Voreifel; an Pünderich fährt der Zug vorbei

LÄNGE
65 km Bahnstrecke

HÖCHSTER PUNKT
215 m (Kanonenbahn-Wanderweg)

AUSGANGSPUNKTE
(empfohlen): Koblenz, Cochem oder eines der zahlreichen Weindörfer an der Strecke

INFO
www.moselland touristik.de
www.zellerland.de

WIE RITTER SPEISEN
Nach einer Führung auf der Reichsburg Cochem kann man ein Rittermahl im mittelalterlichen Stil zu sich nehmen (Vorbuchung erforderlich).

Wie so oft beim Eisenbahnbau in Deutschland war das Militär die treibende Kraft. Zu frisch waren die Erinnerung an die Nachschubprobleme an der Westfront des Krieges 1870/71. Dies sollte kein zweites Mal passieren. Also wurde eine Strecke vom Rhein entlang der Mosel trassiert. Um möglichst kostengünstig zu bauen, wich man ab Pünderich in Richtung Voreifel aus. Eine weitere Streckenführung entlang der Mosel hätte unverhältnismäßig viele Tunnel und Brücken erfordert.

KURZ NACH DEM AUSTRITT aus dem Kaiser-Wilhelm-Tunnel bei Eller überquert die Strecke auf einer 281 m langen, stählernen Brücke die Mosel. Jetzt auf der rechten Moselseite folgen nach einem weiteren Tunnel die Bahnhöfe Neef und Bullay. Hier wird die Mosel erneut von einer eindrucksvollen historischen Brücke gekreuzt. Diese zwischen 1875 und 1878 erbaute Brücke war ursprünglich nur für die Eisenbahn konzipiert, doch nachdem sich Unternehmer und die umliegenden Gemeinden an der Finanzierung beteiligt hatten, genehmigte die damalige Preußische Regierung eine doppelstöckige Ausführung für Schiene und Straße – die erste zweifach nutzbare Brücke dieser Art in Deutschland. Seit 1878 verkehren auf der unteren Etage der 314 m langen Stahlbrücke, gleichsam im Gitterbauwerk der Konstruktion, erst die Fuhrwerke, heute Autos, während oben die Züge rollen. Die längste Stützweite der Brücke, das ist der Abstand zwischen zwei tragenden Pfeilern, beträgt 72 m. Die Brücke wurde seither mehrfach umgebaut und verstärkt, um dem wachsenden Verkehrsaufkommen gerecht zu werden.

UNMITTELBAR NACH der Bullayer Brücke tritt die Strecke in den nächsten Tunnel unter dem Prinzenkopf ein, 458 m lang. Eine weitere (die Zeller) Moselschleife wird dadurch abgekürzt. Direkt an den Tunnelausgang schließt sich bei Pünderich der längste, 1880 gebaute Hangviadukt einer Eisenbahnstrecke in Deutschland an. An seinem Ende zweigt die heute privat betriebene Stichstrecke nach Traben-Trarbach ab. Die Bahngleise verlassen nach einem weiteren Tunnel das Moseltal, das sie erst bei Trier wieder treffen werden. Wir haben unser Ziel erreicht. An Pünderich vorbei hält der Zug in Bengel, das bereits in der Voreifel liegt.

WER EINIGE der Sehenswürdigkeiten der Bahnstrecke in der Außensicht erleben und fotografieren möchte, für den ist der Kulturwanderweg »Die Kanonenbahn – der Eisenbahnhistorische Kulturweg Bullay–Reil« empfehlenswert. Die 8,5 km lange Wanderung verbindet den Bahnhof Bullay mit der Doppelstockbrücke über die Mosel, dem Hangviadukt bei Pünderich und dem Bahnhof Reil. Der Rundweg führt zu Tunnels, Viadukten und imposanten Brücken sowie der Marienburg bei Pünderich. Auf Informationstafeln erfährt man einiges über die ursprünglich militärstrategische Funktion der Bahn. Die Kamera nicht vergessen! Die Strecke bietet zahlreiche Gelegenheiten für eindrucksvolle Erinnerungsfotos. ∎

ABSTECHER NACH TRIER Wer etwas mehr Zeit mitbringt, sollte sich die Stadt nicht entgehen lassen. Die Fahrzeit von Bullay nach Trier beträgt 30 bis 45 Minuten. In Trier reizen die zahlreichen Spuren Geschichte der Stadt, die fast 2000 Jahre lang Residenz des Weströmischen Reiches war. Im Bild links ist die prachtvolle Fassade des »Roten Hauses« in der Trierer Altstadt zu sehen. Zu den Highlights Triers zählen die Porta Nigra, die Kaiserthermen, das Amphitheater und selbstverständlich der monumentale Dom.

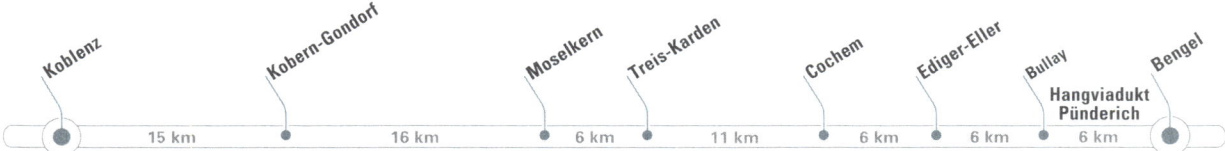

DEUTSCHER REKORD
DAS HANGVIADUKT

Kaum dass der Zug nach der Bullayer Brücke durch einen Tunnel gefahren ist, der eine Moselschleife abkürzt, führt die Strecke auf das Pündericher Hangviadukt, mit 786 m das längste seiner Art in Deutschland. Das Viadukt hat 92 Öffnungen mit jeweils einer lichten Weite von 7,2 m. Pünderich hatte einst auch einen Bahnhof, der aber heute nicht mehr in Betrieb ist. Hinter Pünderich verlässt die Bahnstrecke das Moseltal, das sie erst nach etwa 40 km wieder erreicht.

OBEN Dieses schöne dreigieblige Ensemble von altem Fachwerk und Ziegelbau findet sich in Kobern-Gondorf hinter Koblenz.

LINKS Die Ruine der Niederburg im Weinort Kobern-Gondorf an der Untermosel, unweit von Koblenz, mit einem links angrenzenden Weinberg und einem Nussbaum im Vordergrund. Die Höhenburg stammt aus der Mitte des 12. Jh. und wurde Ende des 17. Jh. zer

15

VON MAINZ ÜBER KOBLENZ NACH BONN

Auf der linksrheinischen Seite fährt die Bahn wohl durch das schönste Flusstal Deutschlands – vorbei an zahlreichen Schlössern und Burgen und dem sagenumwobenen Loreley-Felsen, an dem schon manches Schiff zerschellt sein soll.

Den wohl berühmtesten Rheinfelsen hat Heinrich Heine 1824 in seinem bekanntesten Gedicht »Die Lore-Ley« verewigt, das in der Vertonung von Friedrich Silcher 1837 zu einem Volkslied geworden ist. Mit der Anfangszeile – »Ich weiß nicht, was soll es bedeuten …« – hat vermutlich jeder sofort die Melodie im Ohr. Die zweite Strophe besingt den Rhein:
»Die Luft ist kühl und es dunkelt,/Und ruhig fließt der Rhein;
Der Gipfel des Berges funkelt/Im Abendsonnenschein.«
Auch wenn die Verkehrsdichte inzwischen sicher höher ist als zu Heines Zeit, die beschriebene Stimmung stellt sich oft noch an heutigen Tagen ein. Die einzigartige Kombination aus Flusstal, Steilhängen, Burgen und malerischen Städtchen mit Kirchen und Fachwerkhäusern weckt Romantik bei jedem Durchreisenden. Nicht umsonst ist das Rheintal bei ausländischen Besuchern ganz oben auf der »Must-see«-Liste.

SPRICHT MAN in aller Welt mit Reisenden, die bereits einmal Deutschland besucht haben, und fragt nach dem sehenswertesten Teil, so wird immer wieder der Abschnitt Bingen – Koblenz des Rheintals genannt. Nirgendwo sonst auf dem weiten Weg von der Quelle in den Schweizer Alpen bis zur Mündung in den Niederlande sind Fluss, Ortschaften und Verkehrswege so eng in das felsige Tal gepresst wie hier. Die großartige Landschaft wird allerdings erst so richtig zur Kulisse durch die mittelalterlichen Bauwerke – alte Stadtbilder, Kirchen, Burgen und Schlösser in einer Dichte, wie sie sonst wohl kaum zu finden ist. Nicht umsonst ist dieser Abschnitt UNESCO-Weltkulturerbe.

AUF DEN ERSTEN Kilometern nach dem Verlassen von Mainz grüßt von der rechten Seite das Niederwald-Denkmal bei Rüdesheim auf den Ausläufern des Taunus. Das Denkmal wurde 1883 eingeweiht und sollte für die 1871 erfolgte Einigung Deutschlands stehen. Weit schweift der Blick aus dem Abteilfenster über das hier noch offene Tal und den sanften Anstieg des gegenüberliegenden Gebirges. Nach der Durchfahrung der beiden Bahnhöfe in Bingen ändert sich die Szenerie schlagartig. Der Fluss schwenkt nach Norden in ein enges Tal mit schroffen Felsen auf beiden Seiten.

DER MÄUSETURM mitten im Rhein, ein ehemaliger Wachturm auf der Mäuseturminsel bei Bingen, gibt dem Ganzen einen Hauch von Romantik. Passiert der Reisende diese Stelle an einem frühen Morgen, wenn die ersten Sonnenstrahlen die Nebelschwaden durchbrechen, fühlt er sich in ein surrealistisches Bild versetzt … Jetzt folgen die bekannten Weinorte wie an einer Perlenschnur: Trechtingshausen, Bacharach mit seinen mittelalterlichen Wehranlagen, wenige Kilometer weiter liegt die Pfalz bei Kaub, eine Wehrburg, mitten im Fluss.

LINKS- UND RECHTSRHEINISCH gibt es eine Vielzahl von Burgen, die heute

BURG KATZ bei St. Goarshausen wurde im 14. Jh. von Graf Wilhelm II. von Katzenelnbogen erbaut. Die Burg liegt ganz in der Nähe des Loreley-Felsens. Die heutige Gestalt der Anlage geht allerdings auf das 19. Jh. zurück. Sie ist in Privatbesitz und kann nicht besichtigt werden.

IN KÜRZE

LAGE Rheinland-Pfalz/Nordrhein-Westfalen, Mainz – Koblenz – Bonn

LÄNGE 157 km Bahnstrecke

HÖCHSTER PUNKT Drachenfels, 320 m

AUSGANGSPUNKTE (empfohlen): Bingen, Bacharach, Oberwesel, St. Goar, Boppard

INFO www.rhein-steig.com/rhein.html
www.welterbe-mittelrheintal.de

VULKANEXPRESS
In Brohl (40 km vor Bonn) startet im Sommer der »Vulkanexpress«, ein Schmalspurzug, nach Engeln in der Vulkaneifel.

Ein schöner Ausflug führt ins Nahetal bis Idar-Oberstein: Ab Ingelheim (ab Bingen Hbf. mit Umsteigen) verkehren im Stundentakt Züge durch das Nahetal in Richtung Saarbrücken. Dabei sollte man die Fahrkarte bis »Neubrücke/Nahe« lösen (der Abschnitt zwischen Oberstein und Neubrücke ist mit Abstand der schönste!) und dann auf der Rückfahrt das Edelsteinstädtchen Idar-Oberstein besichtigen (Fahrtzeit etwa 60 Min., bis Neubrücke: 90 Min.).

noch Zeugnis davon ablegen, in wie viele kleine und kleinste Herrschaftsbereiche Deutschland einst aufgeteilt war. Eigentlich ist jede der Burgen und jedes der Schlösser einen ausgiebigen Besuch wert. Immer wieder faszinieren sie durch ihre vielfältige Architektur und ihre geschichtliche Rolle im Rheintal. Auch Eisenbahnfotografen sei die Kraxelei angeraten. Die Möglichkeiten, den Bahnbetrieb zu beobachten und im Bild festzuhalten, werden für die Mühen des Aufstiegs mehr als entschädigen. Beispielhaft genannt seien Burg Sooneck zwischen Bingen und Bacharach am nordöstlichen Hang des Bingener Walds (im Mittelalter ein »Raubritternest« kam sie im 19. Jh. in preußischen Besitz und wurde im neugotischen Stil wieder aufgebaut) und Burg Rheinfels bei St. Goar, eine gewaltige Burgruine, die im 13. Jh. als Zollburg für die Rheinschiffe gedient hatte.

WENIGE KILOMETER weiter folgt das Städtchen Oberwesel mit mittelalterlichen Wehranlagen, bevor sich in einer scharfen Kurve der Loreley-Felsen auf der anderen Rheinseite erhebt – in den Worten Heines: »Die schönste Jungfrau sitzet/ Dort oben wunderbar; Ihr goldnes Geschmeide blitzet/Sie kämmt ihr goldenes Haar. Sie kämmt es mit goldenem Kamme/Und singt ein Lied dabei; Das hat eine wundersame,/Gewaltige Melodei.«

DER LEGENDE NACH haben viele Schiffsführer über den Gesang der Jungfrau vergessen, ihre Schiffe zu lenken und dadurch an diesem Felsen Schiffbruch erlitten. Ist diese Klippe schadlos überstanden, folgt kurz danach die Doppelstadt St. Goar und St. Goarshausen, beide mit einer Fähre verbunden. Nach einigen Kilometern gelangt man in das Mittelzentrum Boppard. Hinter dem Städtchen Braubach öffnet sich schließlich der weite Talkessel um Koblenz.

WEITER NACH NORDEN verengt sich wiederum das Rheintal, allerdings sind die Steilhänge nicht mehr ganz so steil und ganz so hoch. Sehenswert ist dieser Abschnitt dennoch, vor allem der ab Remagen mögliche Blick auf das Siebengebirge eröffnet neue Perspektiven. Nach Bonn, der ehemaligen Bundeshauptstadt, ist es nun nicht mehr weit. Hier endet unsere Rheinreise mit der Bahn.

TIPP FÜR EINEN TAGESAUSFLUG: Vom rechtsrheinischen Königswinter bei Bonn ausgehend, erklimmt die Drachenfelsbahn den gleichnamigen Berg des Siebengebirges. Sie ist die älteste der vier noch betriebenen Zahnradbahnen in Deutschland. Die meterspurige Bahn verbindet seit 1883 Königswinter mit dem Aussichtspunkt knapp unterhalb des Drachenfels-Gipfels.

BURG STAHLECK BEI BACHARACH Die bei Bacharach gelegene Höhenburg wurde vermutlich zu Anfang des 12. Jahrhunderts errichtet. Bacharach war unter den Pfalzgrafen bei Rhein zu einem wichtigen Weinhandelsplatz geworden, weshalb die Burg auch als Zollburg fungierte. Ab 1925 fing man an, die Burg zu einer Jugendherberge auszubauen (vollständig wiedergestellt seit 1967). Jugendherberge ist sie bis heute, man kann dort also übernachten, sie aber nicht besichtigen.

OBEN Blick auf den Marienaltar im Mainzer Dom. Die Aufbauten stammen aus dem 19. Jh.

UNTEN Diese Gruppe von wunderschönen Fachwerkhäusern befinden sich im Posthof in Bacharach.

GERMANIA SIEGT
NIEDERWALD-DENKMAL

Bismarck hatte ihn listig angezettelt, den Deutsch-Französischen Krieg von 1870/71, in dem der Norddeutsche Bund unter Führung Preußens den Franzosen eine Niederlage bereitete. Zugleich gab dieser Sieg auch den Anstoß für die deutsche Einigung unter preußischer Vorherrschaft. Im Gespräch war das Denkmal oberhalb der Stadt Rüdesheim schon kurz nach dem Sieg und der Einigung. Doch dauerte es 12 Jahre bis zur Einweihung der monumentalen Statue. Sie hat eine Gesamthöhe von über 38 m, die Hauptfigur ist die mit Eichenlaub umkränzte Germania, die allein schon über 12 m misst. In der Hand hält sie ein lorbeerumranktes Schwert – so wurden die römischen (Lorbeer) und germanischen (Eichenlaub) Siegeszeichen in einer Skulptur vereint.

OBEN Das Niederwald-Denkmal bei Rüdesheim am Rhein.

UNTEN Der Loreley-Felsen am rechten Rheinufer beim gleichnamigen Ort in der Nähe von St. Goarshausen.

RECHTS Der Rolandsbogen ist Rest eines Burgfensters der im Dreißigjährigen Krieg zerstörten Burg Rolandseck bei Remagen. In dem von Efeu umrankten Bogen sah man im 18./19. Jh. ein Wahrzeichen der Rheinromantik.

CHEMNITZ
SACHSENS MANCHESTER

In Chemnitz wurde zu Beginn des 19. Jahrhunderts die industrielle Revolution in Sachsen eingeleitet. Als eine der ersten deutschen Städte zählte man bereits 1883 mehr als 100 000 Einwohner. Um 1900 galt das »sächsische Manchester«, ob seiner vielen Fabrikschlote auch »Rußnitz« genannt, als reichste Stadt des Deutschen Reiches. Schwerpunkte waren der Maschinen- und Lokomotivenbau. Chemnitz war auch eine Hochburg der Arbeiterbewegung. Dies mag die DDR-Regierung 1953 bewogen haben, Chemnitz in Karl-Marx-Stadt umzubenennen. 1971 ließ sie hier ein kolossales Marx-Monument eines sowjetischen Künstlers aufstellen, nach der Sphinx der zweitgrößte freistehend modellierte Kopf der Welt. In einer Volksabstimmung sprach sich im April 1990 eine Dreiviertelmehrheit der Bürgerinnen und Bürger dafür aus, dass aus KMS wieder Chemnitz werde.

16

FAHRT ÜBER DIE »SCHIEFE EBENE«
VON DRESDEN NACH NÜRNBERG

Nicht nur großartige Landschaften – das Erzgebirgsvorland und das Vogtland bis zur Fränkischen Schweiz –, sondern auch ingenieurtechnische Meisterleistungen machen diese Fahrt zu einem Erlebnis der besonderen Art.

Von Dresden – der Stadt, die die sächsischen Kurfürsten in der frühen Neuzeit mit prachtvollen barocken Herrschaftsbauten zum Elbflorenz formten –, geht die Reise durch die Vielfalt und Brüche der deutschen Geschichte. Vorbei an Zeugnissen von Ingenieurskunst und Wirtschaftsgeist sowie an Orten politischer Irrungen und Verbrechen gelangt man nach Nürnberg, der einstigen staufischen Kaiserstadt mit ihrer mittelalterlichen Burg, ihrer Renaissancevergangenheit und ihren reichsbürgerlich engen Gassen.

DIE REISE beginnt im Dresdner Hauptbahnhof, einem Verkehrsbauwerk mit reicher Geschichte. Die modernen Doppelstockwagen des Regional-Express-Zugs über Hof nach Nürnberg stehen in der Mittelhalle zur Abfahrt bereit. Ein kurzer Pfiff und die Wagen setzen sich in Bewegung und durcheilen schon bald den Vorort Dresden-Plauen. Das mäßige Tempo des Zuges kündet von dauerhafter Bergfahrt, und in der Tat, auf den kommenden 80 Kilometern erwarten den Zug Steigungen wie auf einer Gebirgsstrecke. Das enge Flusstal durch den Plauenschen Grund bestimmt den Streckenverlauf.

AB THARANDT wird es richtig steil, die Steigung durch das Badetal und den Grillenberger Forst erreicht schließlich stolze 26 Promille oder anders gesagt eine Neigung von 1:40. Elf Kilometer später und nach einem Anstieg von 228 Höhenmetern durchfährt der Zug Klingenberg-Colmnitz (436 m über NN), der Scheitelpunkt des Abschnitts bis Chemnitz ist erreicht. Kurz darauf legt der Express in der alten Bergarbeiterstadt Freiberg (Sachsen) einen kurzen Halt ein. 1765 wurde dort eine Bergakademie gegründet, eine frühe Hochschule für Bergbau und Hüttenwesen; der bekannte Dichter der Frühromantik Georg Philipp Friedrich von Hardenberg, genannt Novalis, studierte hier von 1797 bis 1799.

KURVENREICH verläuft die Strecke, auf zahlreichen hohen, markant in die Landschaft gesetzten Viadukten queren die Gleise etliche Erzgebirgsflüsschen, ehe der Zug in Chemnitz, einer der ersten deutschen Industriestädte, zum Stehen kommt. Der Chemnitzer Hauptbahnhof wurde in den letzten Jahren komplett neu gestaltet. Dabei wurden im Rahmen des Chemnitzer Modells die Straßenbahnstrecken in die Gleisanlagen integriert.

DIE HÜGELIGEN AUSLÄUFER des Erzgebirges und die Zwickauer Mulde begleiten nun die Bahnlinie, weitere Industrieorte wie Glauchau, Mosel mit dem VW-Werk und Zwickau mit seinem keilförmigen Hauptbahnhof folgen, nach wenigen Kilometern trifft die Dresdner Bahn in Werdau auf die Hauptstrecke Leipzig – Hof. Kurz hinter Reichenbach jagt der Zug scheinbar ins Nichts, der Blick schweift ungehindert über die Höhenrücken des Vogtlands und 80 m tief hinab ins Tal der Göltzsch. Wir befinden uns auf der 574 m langen Göltzschtalbrücke, der größten Ziegelsteinbrücke der Welt. Dieses Meister-

IN KÜRZE

LAGE
Sachsen, Bayern
von Dresden (113 m) bis Nürnberg (309 m)

LÄNGE
432 km Bahnstrecke

HÖCHSTER PUNKT
Bei Gutenfürst, 581 m

AUSGANGSPUNKTE
(empfohlen): Dresden, Chemnitz, Nürnberg

INFO
www.bahn.de

OBEN LINKS Das Karl-Marx-Monument in Chemnitz ist mit Sockel über 13 m hoch.

LINKS Das Künstlerhaus und direkt daneben der mittelalterliche Königstorturm in Nürnberg.

RECHTS Der Theaterplatz in Chemnitz.

> **MUSEUM**
> Neuenmarkt-Wirsberg liegt nicht direkt an der Strecke, verfügt aber über ein großes Museum mit vielen Dampflokomotiven.

Mit gleichbleibendem Neigungswinkel – daher der Name »Schiefe Ebene« – steigt die zweigleisige Hauptbahn von Neuenmarkt-Wirsberg nach Marktschorgast an. Die Züge überwinden dabei auf sieben Kilometern 157,7 m Höhenunterschied. 1848, im Jahr der Fertigstellung, existierten bereits Lokomotiven, die es vermochten, Züge aus dem Maintal auf die Höhe zu schleppen. Meist freilich benötigte man die Unterstützung einer kräftigen Schublok.

werk früher industrieller Ingenieurskunst wurde zwischen 1846 und 1851 erbaut, um der Sächsisch-Bayerischen Eisenbahn den Weg zu ebnen. 13 km später das gleiche Schauspiel: Der Elstertalviadukt, die zweitgrößte Ziegelsteinbrücke der Welt und ob ihrer lichteren Bögen beinahe noch kühner anmutend, leitet den Zug über die 68 m darunter vor sich hin plätschernde Weiße Elster.

ÜBER MEHLTHEUER mit seinem Inselbahnhof und Schönberg steigt die Strecke in karger und einsamer Landschaft auf 581 m an. Wenige Kilometer hinter dem Scheitelpunkt liegt Gutenfürst, bis 1990 Grenzbahnhof der DDR. Bald passiert der Zug die Grenze zu Bayern und nähert sich in rasanter Fahrt Hof an der Saale. Auf einer der ältesten Bahnlinien Bayerns, der vor mehr als 160 Jahren entstandenen Ludwig-Süd-Nord-Bahn, braust der Regional-Express durch das weit geschwungene Tal der Saale und dann an den nördlichen Ausläufern des Fichtelgebirges entlang, dessen höchste Erhebung, der Schneeberg, 1051 m hoch aufragt. Hinter Marktschorgast wartet ein weiteres Meisterstück der Ingenieurskunst des 19. Jh.s, die »Schiefe Ebene«.

RICHTUNG NÜRNBERG geht's bergab, dann schwenkt der Zug auf die Strecke nach Bayreuth ein, das seine globale Bekanntheit den alljährlich stattfindenden Richard-Wagner-Festspielen im Haus auf dem Grünen Hügel verdankt.

AUF DEM LETZTEN Streckenabschnitt wartet abermals reizvolle Landschaft auf die Passagiere. Die ersten 18 km folgt die Strecke dem Oberlauf des Roten Mains. In Schnabelwaid trifft man auf die Gleise der seit 1883 existierenden Verbindung Prag – Eger – Nürnberg. Kurze Zeit später findet der Reisende sich im Naturpark Veldensteiner Forst und dem Tal der Pegnitz wieder, die sich in vielen Schleifen durch die karstige Landschaft der Fränkischen Schweiz mit den Kalk- und Dolomitfelsen des Weißen Jura schneidet. Um die unzähligen Flusswindungen abzukürzen, sprengten Bahningenieure und Arbeiter damals zwischen Neuhaus und Vorra auf nur sechs Kilometern sieben Tunnel in die Felsen und schlugen 25 Brücken über den Fluss. Typisch fränkische Ortschaften mit ihren Fachwerkhäusern und gedrungenen Kirchen aus rötlichen Sandsteinquadern grüßen durch die Zugfenster. In Hersbruck dreht die Strecke nach Westen und begibt sich auf der rechten Seite der Pegnitz in die Frankenmetropole, einen Ort, der die Höhen und Tiefen der deutschen Geschichte spiegelt. Gute vier Stunden dauerte die Fahrt mit Umstieg in Hof durch die Vielfalt der deutschen Mittelgebirgslandschaft. ■

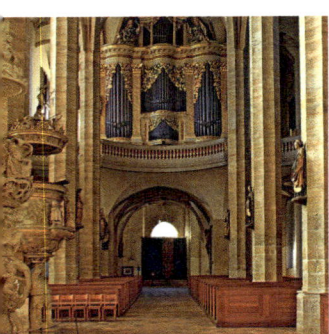

FREIBERGS ST. MARIEN DOM In der Bergarbeiterstadt Freiberg (Sachsen) mit ihrer Bergakademie legt der Zug einen kurzen Halt ein. Nachdem man im 12. Jh. auf Silber gestoßen war, erlebte Freiberg einen Aufschwung. So leistete man sich den St. Marien Dom, der um 1180 erbaut wurde. Allerdings zerstörte Ende des 15. Jh. ein Feuer die Kirche, sodass man sie danach völlig neu im spätgotischen Stil wieder aufbaute. Die Silbermann-Orgel stammt aus den Jahren 1710–1714.

Dresden — 40 km — Freiberg — 40 km — Chemnitz — 49 km — Zwickau — 23 km — Reichenbach (Vogtland) [Göltzschtalbrücke] — 25 km — Plauen (Vogtland) — 48 km — Hof (Saale) [»Schiefe Ebene«] — 75 km — Bayreuth — 132 km — Nürnberg

TEFLONBESCHICHTET
BAHNHOF DRESDEN

1898 fertiggestellt, umfasste der Gebäudekomplex des Bahnhofs mit seiner von einer mächtigen Glaskuppel bekrönten Eingangshalle drei Gleishallen. Er vereinte dabei das Prinzip von Kopf- und Durchgangsbahnhof in sich. Während Nord- und Südhalle hauptsächlich dem Durchgangsverkehr aus Richtung Berlin und Leipzig, nach Prag sowie den S-Bahnen ins Elbetal dienen, starten und enden in der Mittelhalle mit ihren Prellböcken vor allem die Regionalzüge nach Leipzig, Görlitz, Zittau, Chemnitz und Nürnberg. Von 2000 bis 2008 wurde der Bahnhof gründlich saniert. Am spektakulärsten fällt das neue Hallendach aus, das der britische Stararchitekt Norman Forster entwarf. Statt Glas verwendete er eine 0,7 mm dicke Glasfasermembran mit einem selbstreinigenden Teflonüberzug, garantierte Haltbarkeit: 50 Jahre.

OBEN Die gewaltige Göltzschtalbrücke erreicht der von Dresden kommende Zug kurz hinter Reichenbach.

RECHTS Im Industriemuseum in Chemnitz können Besucher die Geschichte der Industrialisierung von Sachsen und Chemnitz seit 1790 nachvollziehen.

UNTER DAMPF
NOSTALGIE AUF SCHIENEN

In Amstetten am Kopf der Geislinger Steige sind gleich zwei Museumsbahnen beheimatet: Die normalspurige, 20 km lange Strecke Amstetten – Gerstetten, die heute nur noch während der Sommersaison und an Sonn- und Feiertagen betrieben wird, sowie die 1000 mm-schmalspurige, 6 km lange Strecke Amstetten – Oppingen (früher bis Laichingen). Auf beiden Strecken finden häufig Sonderfahrten statt, meistens mit den in Amstetten stationierten Dampfloks.

LINKS Diese Schmuckskulptur befindet sich an der Außenseite des Ulmer Münsters.

UNTEN LINKS In Stuttgart Untertürkheim gibt es ein großartiges Museum, das sich der Konkurrenz zur Schiene widmet: das Mercedes-Benz-Museum.

17
ÜBER DIE GEISLINGER STEIGE
VON STUTTGART NACH ULM

Auf Deutschlands steilster Schienenstrecke kommen einem die Felsen oft ziemlich nahe. Manche Lokomotive braucht zudem bis heute zusätzlichen Anschub. Die wenigen Kilometer dieses Anstiegs lassen keinen Zugreisenden kalt.

Stuttgart 21, der im Bau befindliche umstrittene Tiefbahnhof, hat einen kleinen, oft vergessenen »Bruder«: den Neubau der Strecke Stuttgart–Ulm. Es bleibt zu hoffen, dass die alte Strecke zumindest im Nahverkehr erhalten bleibt, bietet sie doch einen sehr sehenswerten Aufstieg auf die Schwäbische Alb mit vielen Landschaftseindrücken. Die Neubaustrecke mag den Reisenden schneller ans Ziel bringen, außer Tunnel und Einschnitten wird er dann wohl aber kaum noch etwas sehen.

DER INTERESSANTESTE ABSCHNITT der Strecke ist der Aufstieg auf die Schwäbische Alb über die Geislinger Steige. Diese wurde 1850 in Betrieb genommen, sie war eine der ersten Gebirgsbahnen in Europa. Zwischen Geislingen und Amstetten wird auf einer Strecke von 5,6 km ein Höhenunterschied von 112 m bei einer Steigung von maximal 1:44,5 überwunden.

DIE GEISLINGER STEIGE ist Teil der Fernverbindung Stuttgart – Ulm – München. Früher war die Strecke für viele Zugmaschinen zu steil, sodass von hinten durch zuzsätzliche Lokomotiven nachgeschoben wurde. Das ist heute bei den stärkeren Lokomotiven weitestgehend unnötig geworden. Die ICE bedurften dieser Hilfe ohnehin nicht. Neben den Fernzügen verkehren IRE, darunter mehrfach sog. »Sprinter« mit zwei Dieselloks der Baureihe 218 von Lindau nach Stuttgart und umgekehrt. Schwere Güterzüge schleppen sich auch heute noch fast im Schritttempo hinauf und werden nach wie vor nachgeschoben. Heute stehen dafür in Geislingen zwei Lokomotiven bereit. Oft sind auch private Schiebeloks anzutreffen.

DIE BAHNTRASSE beschreibt zunächst einen großen Bogen um die Stadt Geislingen, mitten im Bogen liegt der Bahnhof. Bereits bis zum Bahnhof Geislingen (469 m) hat die Strecke mit 9 bis 11 Promille einen erheblichen Anstieg hinter sich. Auf den nächsten sechs Kilometern zwischen Geislingen und Amstetten (582 m) gilt es weitere 113 m gut zu machen. Die Steigung liegt jetzt bei 22,5 Promille, bevor sie nach Amstetten im weiteren Verlauf wieder abfällt.

DIE EIGENTLICHE »STEIGE« beginnt direkt hinter dem Bahnhof. In einem engen Tal wird – bergauf gesehen – die linke Talseite genutzt, um Höhe zu gewinnen. Das enge Tal teilen sich Bahn, Straße und Flüsschen. Oft reichen die schroffen Felsen weniger als einen Meter an das Gleisprofil heran, fast zum Greifen nahe. Da die Strecke der Topographie des Tales folgen muss, schlängelt sich die Bahn in engen Kurven bergauf. Immer wieder ist der Blick auf den Anfang oder das Ende des Zuges möglich. Im IC oder EC wird der Reisende dann erstaunt feststellen, dass auch heute noch bisweilen Schiebeloks eingesetzt werden, wenn der Zug zu lang ist. Nachdem wir in Amstetten angekommen sind, öffnet sich die Landschaft, die Hochfläche der Alb ist erreicht – nächster Halt ist Ulm. ■

IN KÜRZE

LAGE
Baden-Württemberg, Schwäbische Alb, Teil der Fernstrecke Stuttgart – Ulm – München

LÄNGE
90 km Bahnstrecke

HÖCHSTER PUNKT
Amstetten, 581 m ü. NN

AUSGANGSPUNKTE (empfohlen):
Geislingen, Amstetten

INFO
www.amstetten.de/geislinger-steige.html

18

DIE ALLGÄUBAHN
VON MÜNCHEN NACH LINDAU

Auf dieser in Teilen nicht elektrifizierten Verbindung zwischen München und Lindau müssen die Loks zeigen, was sie leisten können. Der Reisende darf inzwischen in aller Ruhe die Aussicht auf die Alpen genießen.

Bayern – ist das nicht ein Volk aus knorrigen Gebirgsbauern, feschen Sennerinnen auf felsigen Bergeshöhen? Es lebe das Klischee, denn tatsächlich liegt nur ein ganz schmaler Streifen der Alpen auf bayerischem Boden. Und so kommt es, dass es in Deutschland auch kaum richtige Alpenbahnen gibt. Zu den Strecken, die diese Bezeichnung noch am ehesten verdienen, gehört die 220 km lange Allgäubahn von München nach Lindau. Sie zählt zu den reizvollsten und auch technisch anspruchsvollsten deutschen Bahnlinien und diente daher als Teststrecke für deutsche Großdiesselloks.

DABEI FÄNGT die Reise so harmlos an, wenn man vom Münchner Hauptbahnhof in einen Zug nach Lindau steigt. Auf einer breiten zehngleisigen Bahnachse bringt die Lok den Zug in Fahrt. Nach einem kurzen Halt in Pasing, wo sich vier Strecken nach Süden und Westen verteilen, rauscht der Zug auf fast kerzengerader Strecke die kommenden 90 km flott dahin. Bei der Aubinger Lohe, einem kleinen Waldgebiet, wird die Stadtgrenze der bayerischen Landeshauptstadt passiert. Bald folgt rechter Hand die weitläufige Anlage des ehemaligen Zisterzienserklosters Fürstenfeldbruck und schon donnert der Zug über die still dahinfließende Amper hinweg. Hinter Grafrath öffnet sich plötzlich die Landschaft, tief unter der Strecke breitet sich der lang gestreckte Ammersee, ein Paradies für Segler, aus. Bei klarer Luft präsentieren sich am Horizont Karwendel, Wetterstein und das Zugspitzmassiv. Kurz nur währt der prachtvolle Weitblick, der Zug jagt unerbittlich über die Schotterebene des Lechfelds dahin, wo Bischof Ulrich von Augsburg im Jahr 955 n. Chr. die anstürmenden Reiterscharen der Ungarn zurückschlug. Kurz vor Kaufering quert der Zug den Lech. Über den Bahnknoten Buchloe hinweg verläuft die Strecke bis zur alten Reichsstadt Kaufbeuren weitgehend flach dahin. Vor der allmählich näher rückenden schwarzblauen Kette der Tannheimer Alpen ragt dunkelgrün der bewaldete, etwas über 1000 m hohe Auerberg mit dem Turm seines Sankt-Georg-Kirchleins aus dem umliegenden Hügelland des Ostallgäus unübersehbar hervor.

HINTER KAUFBEUREN grüßen von Ferne die Füssener Hausberge Säuling und Tegelberg. Saftige Weiden mit geflecktem Vieh, dann wieder Waldstücke säumen die kurvigen Gleise. Mit lautem Brummen meistert die Lokomotive den Anstieg auf den Höhenrücken zwischen Wertach- und Illertal. Bei Günzach wird der Scheitelpunkt überwunden und wenig später künden Windräder auf den Hügelkämmen von der Ortschaft Wildpoldsried, die sich seit den 1990er-Jahren ausschließlich durch erneuerbare Energie versorgt.

RASCH EILT der Zug auf Kempten zu, das zu den ältesten Städten Deutschlands zählt. Auf einer kühnen Bogenbrücke geht es hoch über die tief eingeschnittene Iller hinweg. Geradewegs nach Süden parallel zur Iller, die bei anhaltendem Regen zu einem gefährlichen reißenden Fluss anschwillt, setzt der Zug seine Rei-

AM NORDRAND der Allgäuer Alpen südlich von Immenstadt erhebt sich der Bärenkopf – von den Einheimischen auch ›Bärenköpfle‹ genannt. Die schwäbische Verkleinerungsform muss nicht unbedingt auf etwas Kleines hinweisen – was für den 1476 m hohen Berg sowieso nicht zutrifft.

IN KÜRZE

LAGE
Bayern, Oberbayern bis Schwaben (Landkreis Oberallgäu)

LÄNGE 220 km

HÖCHSTER PUNKT
801 m bei Günzach, 23,5 km hinter Kaufbeuren

START München Hbf (523 m)

ZIEL Lindau am Bodensee (401 m)

INFO
www.allgaeu.de

Kursbuchinformation: www.kursbuchbahn.de, bei »Kursbuchstreckennummer« die Zahl »970« eintragen

AUTARKER ORT
Die 2500-Seelen-Gemeinde Wildpoldsried bei Kempten deckt ihren Energiebedarf seit den 1990er-Jahren über Windkraft, Photovoltaik und Biogas komplett selbst.

Mit dem Namen Kaufering ist die Erinnerung an den größten Konzentrationslagerkomplex des Deutschen Reiches verbunden. Das NS-Regime legte 1944 hier 14 KZ-Außenkommandos des KZ Dachaus an, um unterirdische Produktionsstätten für den Düsenstrahljäger Me 262 schaffen zu lassen; über 14 000 meist jüdische Häftlinge starben innerhalb eines knappen Jahres aufgrund der unmenschlichen Haft- und Arbeitsbedingungen.

se fort. Der markante Gipfel des solitären Grünten und die steilen Zacken der hohen Berge des Walsertals springen dem Reisenden bald ins Auge. Ab Immenstadt, wo die Strecke in den Sommerfrisch- und Skiort Oberstdorf abzweigt, bewegen wir uns tatsächlich eine Zeit lang in den Alpen. Nur noch wenige Kilometer gerader Trasse liegen auf den rund 70 km bis zum Bodensee vor der Lokomotive, die sich mit ihren Wagen jetzt vom Lauf der Iller abwendet und an den Fuß der Alpen schmiegt. Das grünblaue Wasser des malerischen Großen Alpsees, in dem sich die steil aufragenden Berge spiegeln, nimmt kurz darauf die Aufmerksamkeit des Reisenden gefangen.

IN EINEM REIZVOLLEN TAL erklimmen die Gleise die europäische Wasserscheide, die die Stromgebiete von Rhein und Donau trennt. Bevor ein kurzer Tunnel den schrill aufpfeifenden Zug verschluckt, zieht einen der abweisend karge Rücken des Hochgrats, des Hausbergs des Luftkurorts Oberstaufen, in seinen Bann. Doch schon kehrt die Allgäubahn wieder den Bergen den Rücken. Zwischen den sattgrünen Hügeln Oberschwabens und den prächtigen Kuppen des Bregenzer Waldes gleitet der Zug auf einer der ältesten bayerischen Eisenbahnstrecken, der bereits 1853 in voller Länge eröffneten Ludwigs-Süd-Nord-Bahn von Hof in Oberfranken nach Lindau am Bodensee, dahin. Hinter Röthenbach neigen sich die Schienen unaufhaltsam abwärts und wenige Minuten später taucht erstmals hinter dem Abteilfenster das »Schwäbische Meer« auf, dessen ganze Weite der Betrachter mehr erahnt als wahrnimmt. Bei der raschen Fahrt muss sich das Auge sputen, um das prächtige Panorama einzufangen: vom Bregenz überragenden Pfänder über den kühnen Säntis bis hin zu der sich nach Südwesten biegenden, in der Ferne verschwindenden Kette der Schweizer Alpen.

IN AESCHACH, schon fast auf Seehöhe, fädelt der Zug in die Bodenseegürtelbahn ein und erreicht über den 500 m langen Bodenseedamm den Kopfbahnhof der dank seiner barocken Häuser malerischen Inselstadt Lindau mit ihrem leicht südlichen Flair. Vor wenigen Jahren haben sich die Bürger der Stadt für den Erhalt dieser Station, die die Deutsche Bahn zugunsten eines großen Bahnhofs auf dem Festland aufgeben wollte, entschieden und damit Klugheit bewiesen, bildet doch das Stationsgebäude ein gelungenes Ensemble mit dem Mitte des 19. Jh. erbauten Hafen. Dessen Einfahrt bewacht der auf einer Säule sitzende bayerische Löwe – den Blick über die weiten Wellen gerichtet. Wir haben das Ziel der Fahrt erreicht. ■

BAD WÖRISHOFEN UND PFARRER KNEIPP Am Bahnknoten Buchloe, vor der Weiterfahrt nach Süden in Richtung Kaufbeuren, besteht auch die Möglichkeit, den etwas weiter westlich gelegenen Kurort Bad Wörishofen mit dem Zug zu erreichen. Der bayerische Priester Sebastian Kneipp (1821–1897) hat die mit seinem Namen verbundene Wasserkur (Hydrotherapie) bekannt gemacht. Bad Wörishofen wurde unter seiner Leitung zu einem Zentrum dieser beliebten alternativen Heilmethode.

München Hbf — 68 km — Buchloe — 20 km — Kaufbeuren — 42 km — Kempten Hbf — 22 km — Immenstadt — 16 km — Oberstaufen — 13 km — Röthenbach — 39 km — Lindau Hbf

LINKS Blick von Neuschwanstein bei Füssen auf Schloss Hohenschwangau. Rechts ist der kleine Schwansee und links der Alpsee zu sehen.

UNTEN Das Wächterhaus der mittelalterlichen Burghalde in Kempten. Die Burghalde lag ursprünglich vor der Stadtmauer und war Sitz der Vögte des katholischen Stifts. Im Wärterhaus ist heute ein Burgenmuseum untergebracht.

KAMPF DER RELIGIONEN
KEMPTEN IM ALLGÄU

Kempten zählt nicht nur zu den ältesten Städten Deutschlands, sondern war vom 16. bis zum Beginn des 19. Jahrhunderts unmittelbar Schauplatz der tiefen konfessionellen Spaltung des Alten Reichs. Die Reichsstadt mit ihren protestantischen Bürgern und die Siedlung um das Reichskloster mit seinen katholischen Untertanen befanden sich auf ihrem Boden. Die Bewohner dieser beiden Territorien waren sich spinnefeind. Nicht zu vergessen, dass hier im Jahr 1775 der letzte Hexenprozess Deutschlands stattfand.

LINKS Der Ammersee ist mit einer Fläche von 47 km² und einer maximalen Tiefe von etwa 80 m nach dem Chiemsee und dem Starnberger See der drittgrößte See in Bayern. Da die Windverhältnisse in den Sommermonaten oft günstig sind, ist er besonders bei Surfern und Seglern sehr beliebt.

18

AM ENDE eines langen, sonnenverwöhnten Tages auf dem »Schwäbischen Meer« gehen Segler gerne in Lindau von Bord.

19

KOSTENLOS DURCHS MURG- UND HÖLLENTAL
DEN SCHWARZWALD ERLEBEN

Das ist echte Gastfreundlichkeit: Mit der Übernachtung erhält der Schwarzwaldtourist zugleich einen Freifahrschein für alle öffentlichen Verkehrsmittel. Und es gibt hier einige spektakuläre Bahnstrecken, die kein Besucher auslassen sollte.

Im Jahr 2006 kamen die Tourismusverantwortlichen der Schwarzwald-Region auf eine geniale Idee: Den Übernachtungsgästen in Hotels, Gasthöfen und Ferienwohnung wird mit der Gästekarte (»KONUS-Karte«) Freifahrt in den öffentlichen Verkehrsmitteln des gesamten Nahverkehrs geboten, inklusive der Regional-Express-Züge der Deutschen Bahn. Von der ehemaligen Residenzstadt Karlsruhe im Norden bis zur Schweizer Grenze im Süden, von der Rheinebene im Westen bis zum Übergang zur Schwäbischen Alb im Osten kann der Gast umsonst die gesamte Region bereisen, erwandern, in den nächsten Bus wechseln, wieder wandern, einen Zug nehmen und abends in sein Quartier zurückkehren – genial! Die wichtigsten Strecken:

DIE SCHWARZWALDBAHN verbindet Offenburg mit Donaueschingen (100 km). Bis Hausach folgt die Bahn der Kinzig, bei Gengenbach teilweise sogar direkt an deren Ufer. Bei Haslach wird für einige Hundert Meter der aufgestaute Seitenarm der Kinzig passiert, an windstillen Tagen aufgrund der Spiegelungen ein beliebtes Fotomotiv. In Hausach wechselt die Strecke bis Hornberg ins Gutachtal. Langsam wird das Tal enger, Schwarzwaldhäuser begleiten den Reisenden. Der Ort Hornberg selbst wird auf einem eindrucksvollen Viadukt überquert. Danach passiert der Zug bis Sankt Georgen mehrere Kehrschleifen mit zahlreichen Tunneln und überwindet so mehrere Hundert Höhenmeter.

DIE BRIGACH bei Donaueschingen, einer der beiden Hauptzuflüsse der Donau.

Im steilsten und auch sehenswertesten Teil des Anstiegs werden immer wieder die Täler weit ausgefahren. Der »Dreibahnenblick« bei Triberg bietet einen guten Überblick über den Streckenverlauf. Einige Kilometer nach Sankt Georgen wird der Donau-Quellfluss Brigach erreicht, dem die Strecke auf den nächsten Kilometern folgt. Hinter Villingen verlässt die Strecke den Schwarzwald und durchquert die Baar-Ebene. In Donaueschingen trifft die Schwarzwaldbahn die Höllentalbahn, von Freiburg kommend, nach der Schwarzwaldbahn die zweitwichtigste Eisenbahnstrecke im Schwarzwald. Die Strecke kreuzt auf ihrem Weg von Norden nach Süden gleich zweimal die europäische Wasserscheide (Rhein/Donau) in einem Tunnel: im 1697 m langen Sommerauer Tunnel (zwischen Triberg und St. Georgen) und im 900 m langen Hattinger Tunnel (zwischen Immendingen und Engen).

DIE HÖLLENTALBAHN bzw. Dreiseenbahn von Freiburg nach Titisee und Seebrugg/Schluchsee (51 km) ist fast durchgehend eingleisig ausgeführt. Zwischen Freiburg und Neustadt werden insgesamt neun Tunnel durchquert. Nach etwa 15 km wird das Tal immer enger und macht seinem Namen alle Ehre. Beim Blick aus dem Fenster meint man, die Felswände berühren zu können … Höhepunkt ist die Passage am sogenannten Hirschsprung, wo der Legende nach ein Hirsch seinen Jägern entkam, indem er die wenigen Meter über das enge Tal hinwegsprang. Wenige Kilo-

IN KÜRZE

LAGE
Baden-Württemberg, zwischen Karlsruhe und Calw im Norden sowie Basel (Badischer Bahnhof) und Waldshut-Tiengen im Süden

LÄNGE ca. 800 km Bahnstrecke

HÖCHSTE PUNKTE
Sommerau bei Sankt Georgen (Schwarzwaldbahn), 825 m
Feldberg-Bärental (Höllentalbahn), 967 m

AUSGANGSPUNKTE
(empfohlen): Orte an der Schwarzwaldbahn wie Hausach, Triberg, Hornberg, St. Georgen oder Orte an der Murgtalbahn wie Baiersbronn oder Freudenstadt sowie die Region um Titisee

INFO
Schwarzwald Tourismus
Heinrich-von-Stephan-Straße 8 b
79100 Freiburg
Tel. 0761 89 64 60
www.schwarzwald-tourismus.info

> **AUDIO-GUIDE**
> Zur Schwarzwaldbahn gibt es einen kostenlosen mp3-Audio-Guide (www.bahn.de, Stichwort: »Schwarzwaldbahn Audioguide« oder direkt über Google).

Die Rheinschiene von Karlsruhe in Richtung Basel wird derzeit zur europäischen Rennstrecke auf Hochleistung getrimmt. Die Strecke von Offenburg nach Villingen-Schwenningen (Schwarzwaldbahn) wird stündlich mit Regionalverkehrszügen bedient. Vereinzelt verkehren hier auch Güterzüge. Auf der Höllentalbahn Freiburg–Titisee fahren Regionalverkehrs- und Interregio-Express-Züge.

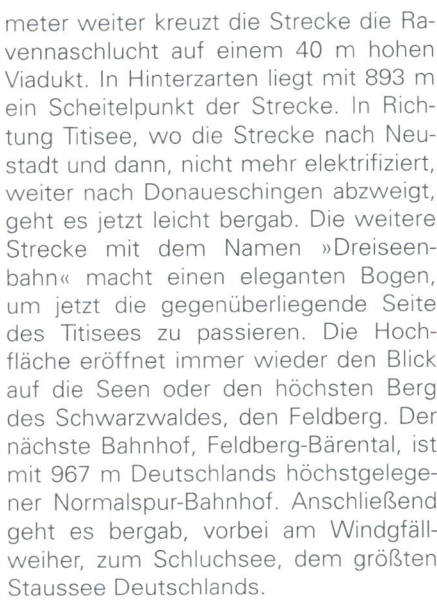

meter weiter kreuzt die Strecke die Ravennaschlucht auf einem 40 m hohen Viadukt. In Hinterzarten liegt mit 893 m ein Scheitelpunkt der Strecke. In Richtung Titisee, wo die Strecke nach Neustadt und dann, nicht mehr elektrifiziert, weiter nach Donaueschingen abzweigt, geht es jetzt leicht bergab. Die weitere Strecke mit dem Namen »Dreiseenbahn« macht einen eleganten Bogen, um jetzt die gegenüberliegende Seite des Titisees zu passieren. Die Hochfläche eröffnet immer wieder den Blick auf die Seen oder den höchsten Berg des Schwarzwaldes, den Feldberg. Der nächste Bahnhof, Feldberg-Bärental, ist mit 967 m Deutschlands höchstgelegener Normalspur-Bahnhof. Anschließend geht es bergab, vorbei am Windgfällweiher, zum Schluchsee, dem größten Staussee Deutschlands.

DIE MURGTALBAHN führt von Rastatt nach Freudenstadt durch das Murgtal (58 km). Die Albtal-Verkehrs-Gesellschaft (AVG) integrierte die Murgtalbahn im Jahr 2000 in ihr Netz. Die Bahn verläuft durch ein teilweise tief eingeschnittenes Schwarzwaldtal, das zwischen Murg und Felswänden kaum Raum für die Strecke lässt. Ab dem Bahnhof Kuppenheim verlässt die Bahn die Rheinebene und fährt nun in das Murgtal ein. Nach dem Haltepunkt Weisenbach beginnt der landschaftlich reizvollste und technisch anspruchsvollste Teil. Bis Schönmünzach verengt sich das Murgtal zu einer Schlucht. Neun Tunnel und fünf Talbrücken waren allein in diesem Abschnitt erforderlich. Wenn der Bahnhof Forbach erreicht ist, hat die Bahn von Weisenbach bis hier einen Höhenunterschied von 123,5 m überwunden, das bedeutet eine durchschnittliche Steigung von 20 Promille. Nach Forbach folgt ein zehn Kilometer langer Abschnitt bis zum Bahnhof Schönmünzach. Wiederum wird die Murg zweimal gekreuzt, einmal auf einer Stahlbrücke direkt hinter Forbach und einmal auf einem weiteren Steinviadukt bei Raumünzach. Beide Male folgen direkt hinter der Brücke Tunnel. Ähnlich ist der weitere Streckenverlauf bis Baiersbronn. Ab hier verlässt die Bahn das enge Tal und gelangt auf eine Hochebene, welche bis Freudenstadt allerdings weiter ansteigt. Innerhalb des Stadtgebietes fällt die Strecke steil ab, auf nur knapp drei Kilometern werden 73 Höhenmeter überwunden. Dieser Teil war ursprünglich als Zahnradstrecke ausgeführt. Hier befindet sich mit der Christophstalbrücke ein weiterer Steinviadukt. Freudenstadt lädt mit seinen Arkaden und dem größten Marktplatz Deutschlands zum Verweilen ein. ■

STÄDTETOUREN INBEGRIFFEN Aufgrund der Freifahrtmöglichkeiten bietet es sich an, die in der Region liegenden größeren Städte zu besuchen. Karlsruhe und Freiburg (im Bild links ist das Freiburger Konzerthaus und im Hintergrund der Doppelturm der Stühlinger Kirche zu sehen) sind inklusive des Nahverkehrs im Stadtbereich völlig kostenfrei zu bereisen, bei den Metropolen jenseits der Grenze wie Straßburg und Basel müssen allerdings ab der Grenzstation (Basel Badischer Bahnhof oder Kehl) Tickets für den Nahverkehr im jeweiligen Stadtbereich gelöst werden. Wer eher der Natur den Vorzug gibt, der sollte einen Ausflug zum Titisee, Schluchsee oder auf den Hohen Feldberg einplanen. Auch eine Busfahrt über die Schwarzwaldhochstraße ist im Preis enthalten und sollte auch von den Schienenfans nicht verschmäht werden.

LINKS Ein altes Pfarrhaus in Mühlhausen, ein Ortsteil von Villingen-Schwenningen im mittleren Schwarzwald. Die weit vorragenden, steilen Dächer sind typisch für den Baustil – sie sorgen dafür, dass im Winter die Schneelast nicht zu groß wird.

RECHTS Im 12. Jh. bauten die Herren von Hornberg eine Burg, zu deren Füßen sich die kleine Stadt Hornberg bildete. Zu den Hintergründen des sprichwörtlichen »Hornberger Schießens« – für ein lautstark angekündigtes Ereignis, das sich als Chimäre entpuppt – gibt es mehrere, historisch nicht verbürgte Versionen.

UNTEN Das 1996 eröffnete Kongresszentrum »Konzerthaus Freiburg« am Konrad-Adenauer-Platz in Freiburg wurde von dem Berliner Architekten Dietrich Bangert entworfen. Die Großskulpturen »Vier Kreisel« an der Westseite stammen von der Berliner Künstlerin Andrea Zaumseil.

DER KUCKUCK RUFT
SCHWARZWALDUHREN

Die Anfänge der Uhrenindustrie im Schwarzwald gehen bis ins 17. Jh. zurück. Die heute unter dem Begriff »Schwarzwalduhr« weltweit bekannte Variante mit dem Kuckuck, der stündlich aus dem Fenster pfeift, ist allerdings erst Mitte des 19. Jh. erfunden worden. Zentren der Uhrenindustrie waren Triberg (im Bild eine Werkstatt), Furtwangen und St. Peter. Das Deutsche Uhrenmuseum in Furtwangen ist der Geschichte der Zeitmessung gewidmet (www.deutsches-uhrenmuseum.de).

20

BERGE, SEEN UND DAS »WEISSE GOLD«
VON MÜNCHEN NACH BERCHTESGADEN

Die Alpen bilden die atemberaubende Kulisse dieser Bahnfahrt, und wenn der berühmte Föhn weht, dann hat man eine traumhafte Weitsicht. Die Einfahrt in ein richtiges Salzbergwerk in Berchtesgaden kann einen solchen Tag krönen...

Föhn – gestern noch schienen die kühlen Spätwintertage kein Ende nehmen zu wollen, dann – über Nacht fegte ein kräftiger Südwind den Himmel blank; wolkenlos und strahlend blau spannt er sich am Morgen über die Stadt, über das ganze Land vor den Bergen. Die Sonne lässt die Temperaturen rasch über 20 Grad klettern, Straßencafés füllen sich, voll Lebenslust strömen die Menschen ins Freie. Wie wäre es mit einem Ausflug hinaus ins frische Voralpenland, in die Berge?

LANGSAM ROLLT die weiße Wagenschlange des Eurocity unter den mächtigen Bögen der Hackerbrücke – eine der wenigen in Deutschland erhaltenen Stahlbogenbrücken des 19. Jh.s – hindurch, die einem stählernen Tor gleich seit 1894 das Vorfeld des Münchner Hauptbahnhofs überquert. Einen guten Kilometer geht es noch Richtung Westen, ehe er sich in eine Neunziggradkurve legt und das alte Arbeiterviertel Westend umrundet. Dem Südbahnhof mit den Gleisanschlüssen der Großmarkthalle folgt sogleich polternd die Überquerung der Isar. Auf einem Damm jagt der Express über das kleinbürgerliche Untergiesing hinweg, über das sich hoch auf dem Isarhochufer der schlanke Backsteinturm der neugotischen Giesinger Kirche erhebt.

WIR VERLASSEN MÜNCHEN. Bald darauf taucht der dichte Saum des Ebersberger Forstes auf. Hinter Kirchseeon ändert sich die Topografie: Die Gleise winden sich in leichten Bögen durch das voralpine Moränenland. An einem solchen Föhntag darf der Blick von der fernen Zugspitze über den langen Rücken der Benediktenwand bis zu den Hausbergen des bayerischen Oberlands ungehindert schweifen: In klarer Schärfe präsentieren sich Brecherspitze, Breitenstein, die nahe dominante Felskuppel des Wendelsteins, die aus dem Inntal steil aufragt, dem Betrachter. Während die Augen dabei sind, die zahlreichen Gipfel einzufangen, werden sie mehrmals durch die hinter den Hügeln kurz auftauchenden Turmspitzen der Wallfahrtskirche Tuntenhausen abgelenkt.

WÄHREND DER ZUG bergab an Fahrt gewinnt, rückt das breite Inntal heran. 1871 eröffneten die damaligen Königlich-Bayerischen Staatseisenbahnen die direkte Strecke von der Hauptstadt nach Rosenheim, die erste Verbindung führte weiter südlich weniger steigungsreich durch das Mangfalltal. Wir befinden uns auf einem der wichtigsten Schienenwege Europas, der Magistrale Paris – Wien – Budapest, dazu noch der Zufahrt zum Brenner. Gen Süden gerichtet fällt der Blick bald auf Zahmen und Wilden Kaiser und den weit entfernten Hauptkamm der Alpen, an dem sich die finsteren Wolken der Föhnmauer bedrohlich auftürmen.

IN ROSENHEIM, einer bedeutsamen Kreisstadt, ist quasi der Fuß der Alpen erreicht, dem der Zug nun in östlicher Richtung folgt. Hinter der Innbrücke geht es wieder bergan. Samerberg und Hochries grüßen herüber und bald blitzen zwischen Bäumen im grellen Mittagslicht die Wel-

DIE LOISACH bei Garmisch-Partenkirchen mit Blick zur Zugspitze.

IN KÜRZE

LAGE
Bayern, Oberbayern von München bis Berchtesgaden

LÄNGE 190 km

START München Hbf (523 m)

ZIEL Berchtesgaden (572 m)

INFO
www.berchtesgadenerland.com
www.chiemgau-tourismus.de

EISENBAHNMUSEUM
In der Lokwelt in Freilassing im ehemaligen Bahndepot sind alte und neue Lokomotiven zu sehen (www.lokwelt.freilassing.de).

Die Chiemsee-Bahn ist eine Schmalspurbahn (Spurweite 1000 mm), die seit 1887 den Bahnhof von Prien mit der Schiffsanlegestelle im Ortsteil Prien-Stock verbindet. Sie wird in der Sommersaison mit Dampf betrieben, und heißt deshalb im Volksmund auch »Dampfstraßenbahn«. Auf der Streckenlänge von 1,9 km erreicht sie eine Höchstgeschwindigkeit von 20 km/h. Die fauchende und pfeifende Bahn erfreut sich bei Touristen besonderer Beliebtheit.

len des Simssees, eines stillen Badesees, leicht bewegt auf. Ein paar Minuten begleiten seine schilfigen Ufer die Bahn, ehe der Zug den Kurort Bad Endorf mit seinen Rehakliniken durchfährt. Wir schauen aus dem linken Fenster: Die Landschaft weitet sich, ein paar Segelboote tummeln sich hinter einem Schilfgürtel, der westlichste Teil des weitflächigen Chiemsees liegt unter uns, die Schaafwaschener Bucht. Und kurz darauf erfasst das Auge fast das komplette »Bayerische Meer«, das sich schier endlos vor der Bergkulisse ausbreitet. Die glitzernde blaue Fläche unterbrechen nur die Fraueninsel mit ihrem gedrungenen Klosterturm und die waldige Herreninsel mit ihrem Versailles-Imitat. Ab jetzt lohnt der Blick nach Süden, zum Greifen nahe erhebt sich fast bedrohlich der felsige Kamm der Kampenwand aus dem gelbgrünen Chiemseemoor, das der Zug auf seinem Weg durcheilt.

HINTER TRAUNSTEIN hält der Zug etwas größeren Abstand von den Bergen – der lang gestreckte Teisenberg schiebt sich vor die felsigen Genossen – dafür nimmt der Weitblick wieder zu. Verstreut liegen breite oberbayerische Gehöfte gemächlich in der Landschaft, hie und da ein größerer Weiler, ein paar Kühe und Pferde auf der Weide. Linker Hand breitet sich das tief liegende Salzachtal aus, im Süden freilich laden Staufen und Zwiesel, die felsigen Reichenhaller Hausberge, zur Fahrt ins Hochgebirge ein. Und schon ist Freilassing erreicht.

HIER HEISST ES umsteigen in den bunten Triebwagen nach Berchtesgaden, der tief unten im Saalachtal sich dem steil erhebenden Untersberg und den Berchtesgadener Alpen mit ihren noch unter der winterlichen Schneelast stöhnenden Felsgipfeln schnell nähert. Nach kurzem Halt im Kurort Bad Reichenhall mit seiner Saline klettert der Zug unterhalb von Predigtstuhl und Lattengebirge die sechs km lange Steilstrecke (40 Promille) zum Pass Hallthurm empor. Ein mittelalterlicher Turm markiert noch heute die einstige Grenze zwischen Altbaiern und der Fürstpropstei Berchtesgaden. Kurz darauf fällt erstmals der Blick auf die mächtigen Felsriesen Hochkalter und Watzmann. Nach kurzem Halt in Bischofswiesen windet sich der Zug durch eine enge Schlucht, bevor er den Talkessel von Berchtesgaden erreicht. Bei einem Spaziergang über den Markt beeindrucken immer wieder die felsigen Abstürze des nahen Hohen Göll und das majestätische Watzmannmassiv, das sich über dem nahegelegenen Königssee erhebt, während erste finstere Wolken einen baldigen Zusammenbruch des Föhns ankündigen. ■

HERRENCHIEMSEE König Ludwig II. hat auch hier seine Spuren hinterlassen. 1873 erwarb er die Insel und erbaute darauf das Schloss Herrenchiemsee als Kopie von Versailles, das heute eine Touristenattraktion darstellt. Vielleicht weniger bekannt, aber dafür umso folgenreicher war eine im »Alten Schloss Herrenchiemsee«, dem ehemaligen Chorherrenstift, abgehaltene Konferenz in den letzten Augusttagen 1948. Damals wurden hier in einem Verfassungskonvent die Grundzüge des Deutschen Grundgesetzes erarbeitet, das im Mai 1949 in Kraft trat.

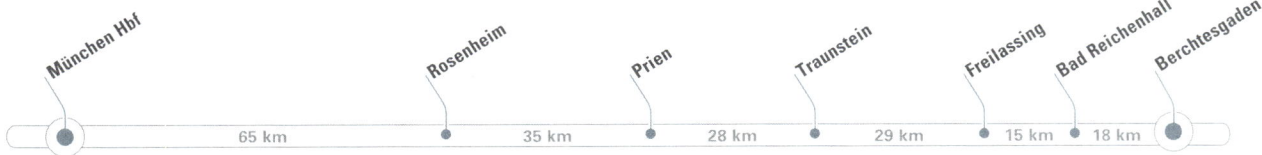

München Hbf — 65 km — Rosenheim — 35 km — Prien — 28 km — Traunstein — 29 km — Freilassing — 15 km — Bad Reichenhall — 18 km — Berchtesgaden

LINKS Herbstlicher Blick auf Samerberg. Im Hintergrund der Wendelstein und das Mangfallgebirge.

RECHTS Schilf am Ufer und ein Steg – am Simssee zwischen Rosenheim und Prien.

UNTEN Das Gebäude der alten Saline in Bad Reichenhall beherbergt heute ein Salzmuseum.

OBEN Der Frühlingsenzian, aufgenommen im Nationalpark Berchtesgaden, steht unter Naturschutz.

UNTEN Blick auf die Staatskanzlei und den Hofgarten in München.

DAS WEISSE GOLD DES MITTELALTERS SALZSTADT BAD REICHENHALL

Man kann es sich heute eigentlich gar nicht mehr vorstellen, dass es eine Zeit gab, in der Salz als »Weißes Gold« bezeichnet wurde. Wie Speisesalz aus Sole, salzhaltigem Wasser, gewonnen wird, erfährt man im Salzmuseum in Bad Reichenhall. Die alte Saline (im Bild), in der heute das Museum untergebracht ist, war von 1840 bis 1926 der Ort der Salzherstellung. Die Sole wird auch direkt in Solebädern eingesetzt und soll bei allerlei Leiden lindernd wirken. Bad Reichenhaller Salz ist ein Markenname, auch wenn das Salz selbst nicht mehr aus der Stadt kommt, sondern aus dem nahegelegenen Salzbergwerk Berchtesgaden. Dort können Besucher selbst ins Bergwerk einfahren und einen Eindruck von der Produktion bekommen – ein Erlebnis, nicht nur für Kinder (www.salzzeitreise.de).

MIT DEM RAD AUF TOUR
DIE BELIEBTESTEN STRECKEN AM WASSER

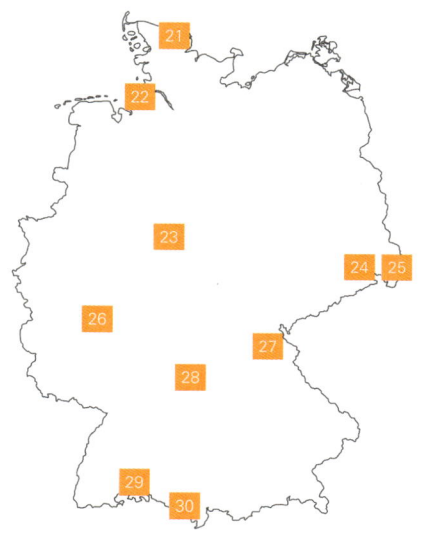

TOUR 21 | SEITE 108 STEILKÜSTEN, SEEBÄDER UND INSELN **DER OSTSEEKÜSTEN-RADWEG**

TOUR 22 | SEITE 112 HAMBURG UND DIE SÄCHSISCHE SCHWEIZ **DER ELBE-RADWEG IM NORDEN UND OSTEN**

TOUR 23 | SEITE 116 WESERRENAISSANCE UND KRABBENKUTTER **DER WESER-RADWEG IM NORDEN**

TOUR 24 | SEITE 120 ÜBERS LAND IN DIE HAUPTSTADT **DER SPREE-RADWEG IM OSTEN**

TOUR 25 | SEITE 124 DER ZAUBER NATÜRLICHER FLUSSAUEN **DER ODER-NEISSE-RADWEG IM OSTEN**

TOUR 26 | SEITE 128 ROMANTISCHE FLUSSTOUR **DER LAHNTAL-RADWEG IM WESTEN**

TOUR 27 | SEITE 130 LAND VON WEIN, BIER UND DICHTERN **DER MAIN-RADWEG IN FRANKEN UND HESSEN**

TOUR 28 | SEITE 134 WEISSE FELSENWELTEN **DER ALTMÜHLTAL-RADWEG IN BAYERN**

TOUR 29 | SEITE 138 AN DER SCHÖNEN BLAUEN DONAU **DER DEUTSCHE DONAU-RADWEG**

TOUR 30 | SEITE 144 SEEN- UND SCHLÖSSERTOUR **DER BODENSEE-KÖNIGSSEE-RADWEG IN BAYERN**

21

STEILKÜSTEN, SEEBÄDER UND INSELN
DER OSTSEEKÜSTEN-RADWEG

Diese Radtour offenbart die vielen Facetten der Ostsee: Strände, Buchten und Förden, das grüne Hinterland mit klaren blauen Seen, Fischerdörfer und Hafenstädte sowie Inseln und Halbinseln wie Zingst, Europas größten Nistplatz für Kraniche.

Von der Flensburger Förde folgt der beliebteste Radfernweg des Nordens den Küsten von Schleswig, Holstein, Mecklenburg und Vorpommern zur Insel Usedom an der Grenze zu Polen. Landschaftliche Kleinodien wechseln mit Seebädern und hochrangiger Kultur, darunter drei von der UNESCO als Weltkulturerbe ausgewiesene Hanse-Altstädte: Lübeck, Wismar und Stralsund. Höhepunkte sind auch die Rundfahrten auf den Inseln Fehmarn, Poel und Rügen. Das Gepäck wird von Unterkunft zu Unterkunft befördert, sodass man sich bei dieser Fahrt auf gut ausgebauten Wegen in flachwelligem Land auf das Fahrvergnügen und die Sehenswürdigkeiten konzentrieren kann. Unbedingt zu beachten ist die Windrichtung: Wer gegen den Küstenwind ankämpft, hat es schwer; wer vor dem Wind ›segelt‹, wird die Fahrt in unvergesslich guter Erinnerung behalten. In der warmen Jahreszeit herrschen im Übrigen meist West- und Südwestwinde.

DER AUFTAKT des Ostseeküsten-Radwegs liegt in Schleswig und führt durch das Bilderbuchland der Förden und Steilküsten, Moränenhügel und Schlösser. Die nach Deutschlands nördlichster Hafenstadt benannte Flensburger Förde ist der westlichste Arm der Ostsee. Auf 40 km verbindet sie die Wassersportreviere im Bannkreis berühmter Schlösser wie Glücksburg und Gravenstein. Das dänische Ufer ist fast immer in Sicht: Die Halbinsel Holnis teilt die Flensburger Förde in die schmale Innen- und die sich stetig erweiternde Außenförde, an der Holnis-Spitze erreicht das deutsche Festland seinen nördlichsten Punkt, nur 1700 m entfernt vom dänischen Ufer. Den Ausgang der Förde zur Ostsee flankieren die Insel Als mit dem Leuchtturm auf der Halbinsel Kegnæs und das Naturschutzgebiet Geltinger Birk mit dem vorgelagerten Leuchtturm Kalkgrund.

DIE GELTINGER BIRK ist besonders reizvoll: Salzwiesen, Schwanenbuchten und Dünen wechseln sich mit Laubwäldern, Heideflächen und Wiesen ab, auf denen Wildpferde und Hochlandrinder weiden, während auf der Ostseeseite Strände zum Bad einladen. Das gesamte Gebiet bis Kappeln an den Segelrevieren der Schlei, Deutschlands längster Förde, ist so schön, dass es immer wieder als Filmkulisse dient, so Kappeln für die Fernsehserie »Der Landarzt« und das Gebiet um Glücksburg für »Der Fürst und das Mädchen« mit Maximilian Schell. Weiter geht es an der Eckernförder Bucht vorbei zur Sohler Steilküste, dann schwingt der Weg in die Kieler Förde ein, wo die Holtenauer Schleuse an der Einmündung des Nord-Ostsee-Kanals eine technische Attraktion bildet.

DER FÖRDEWANDERWEG auf der Ostseite der Kieler Förde gibt am Fuß bewaldeter Kuppen die autofreie Route vor ins Seebad Laboe: Das 85 m hohe Marine-Ehrenmal bildet den markantesten Blickfang an der Kieler Außenförde und fungiert als Aussichtsturm. An den Küsten der Probstei und der Hohwachter Bucht

IN LÄNDLICHEREN GEGENDEN in Mecklenburg-Vorpommern muss man mit etwas engeren Verhältnissen und Steigungen rechnen.

IN KÜRZE

LAGE Ostseeküste in Schleswig-Holstein und Mecklenburg-Vorpommern

LÄNGE über 800 km in 10 bis 14 Tagesetappen (mit Rügen-Abstecher: 1050 km)

START Historisches Zollamt Kupfermühle an der Alten Zollstraße in der Gemeinde Harrislee bei Flensburg. Mit der Bahn ist der Start in Flensburg.

ZIEL Ahlbeck, letzter Bahnhof der Usedomer Bäderbahn in Deutschland

INFO Ostsee-Holstein-Tourismus
Am Bürgerhaus 2
23683 Scharbeutz
www.ostsee-schleswig-holstein.de

Tourismusverband Mecklenburg-Vorpommern
Konrad-Zuse-Str. 2
18057 Rostock
www.auf-nach-mv.de

MASSENSTART
Ende August können große und kleine Wasserratten am Wismarbucht-Schwimmen teilnehmen. Start ist in Wangern auf Poel.

Die Insel Usedom im westlichen Oderdelta gehört zu Norddeutschlands wichtigsten Ferienzielen. An der Seeseite reihen sich einige der bekanntesten Ostseebäder mit der weißen Bäderarchitektur der Kaiserzeit aneinander. Den Reiz der Insel macht auch das Miteinander von Natur und Kultur aus. Die hochmoderne Usedomer Bäderbahn verkehrt zwischen Wolgast und Swinemünde und transportiert auch Fahrräder.

reiht sich ein Seebad an das andere, ehe die Umrundung der Vogelfluginsel Fehmarn ansteht: Ihre Steilküsten, alten Buchenwälder, Vogelschutzgebiete und Strände sowie der Ausblick vom Flügger Leuchtturm bilden einen weiteren Höhepunkt am Ostseeküsten-Radweg. Auf der Fehmarnsundbrücke geht es zurück aufs Festland und längs der Seebäder der Lübecker Bucht nach Travemünde, das drittälteste deutsche Seebad (1802).

FÜR DIE STADT LÜBECK, die ›Königin der Hanse‹ und Namensgeberin der Lübecker Bucht, mit ihren zahllosen Brücken und der schönen Altstadt sollte man etwas Zeit einplanen. Dünen, Steilufer, Buchenwälder und die kilometerlangen Strände der Ostseebäder prägen den Radweg zwischen der Lübecker Bucht und der Hansestadt Stralsund. Nach Überqueren der Trave mit der Priwallfähre im Seebad Travemünde folgt die Strecke der mecklenburgischen Buchtenküste in die Hansestadt Wismar.

FISCHERDÖRFER, reetgedeckte Häuser, romantische Häfen, Salzwiesen und Surfspots am Haff, lange Strände, das Jugendstilbad Kühlungsborn, alte Alleen und der bewaldete Höhenzug der Kühlung kennzeichnen den Abschnitt zwischen der Wismarbucht und Bad Doberan, von wo die historische Bahn ›Molli‹ ins Seebad Heiligendamm dampft. Hinter der Rostocker Heide erreicht der Radweg die Boddenküste und verläuft über die zusammengewachsenen Inseln Fischland, Darß und Zingst nach Barth am Barther Bodden und von dort weiter nach Stralsund.

DARSS UND ZINGST, geprägt von Wäldern, Mooren und feinsandigen Stränden, liegen im Nationalpark Vorpommersche Boddenlandschaft. Der Zingst ist einer der größten Kranichrastplätze Europas und das Künstlerdorf Ahrenshoop im südlichen Darß lockte schon zur Zeit des Fin de Siècle Maler an. Die alten Kapitäns- und Fischerhäuser in Wustrow wiederum erinnern daran, dass dies einst der Hauptort von Fischland war.

DIE KREIDEKLIPPEN auf Deutschlands größter Insel Rügen und die Sandstrände der Insel Usedom verbindet der Radweg auf seinen östlichsten Etappen. Nach der optionalen Rügen-Rundtour von der Insel Hiddensee aus – die Überfahrt von Stralsund nach Hiddensee erfolgt mit dem Schiff – führt er an der vorpommerschen Boddenküste entlang nach Greifswald und in das Seebad Lubmin. In Wolgast geht es über die Hubbrücke hinüber nach Usedom, wo die Tour in Ahlbeck endet. ◼

SCHLOSS GLÜCKSBURG Im Ostseebad Glücksburg an der Flensburger Innenförde befindet sich das gleichnamige Schloss, Deutschlands größtes Wasserschloss und als ›Wiege von Königreichen‹ Namensgeber einer weitverzweigten Dynastie, deren heute bekannteste Häupter Königin Margrethe II. von Dänemark und König Harald von Norwegen sind. Das prächtige Schloss ist als Museum öffentlich zugänglich. Gezeigt werden z. B. Goldledertapeten aus dem 17. Jahrhundert.

Flensburg • 48 km • Gelting • 69 km • Eckernförde • 48 km • Kiel • 54 km • Hohwacht • 105 km • Burg auf Fehmarn • 122 km • Lübeck • 71 km • Wismar • 46 km • Kühlungsborn • 26 km • Warnemünde • 59 km • Prerow • 71 km • Stralsund • 39 km • Greifswald • 41 km • Wolgast • 33 km • Ahlbeck (Usedom)

LINKS Ein Zeesenboot im Boddenhafen von Ahrenshoop-Althagen. Diese Segelboote dienten vom ausgehenden 15. Jh. bis in die 1970er-Jahre als Fischereifahrzeuge. Heute sind damit vor allem Freizeitsegler unterwegs.

RECHTS Die 394 m lange Seebrücke Sellin ist Rügens längste Seebrücke. Im Gebäude am Ende der Brücke befindet sich ein Restaurant direkt über dem Wasser, mit einer Tauchgondel kann man hier sogar ins Meer abtauchen.

LINKS Im flachen Land ist das Rad das ideale Fortbewegungsmittel.

RECHTS Auch Strandburgen können Meisterwerke sein.

UNTEN Die weißen Kreideklippen auf Rügen – Inspiration für viele Künstler.

DAUERBETRIEB LEUCHTTURM UND MUSEUM

Der Leuchtturm Darßer Ort an der Nordspitze des Darß im Nationalpark Vorpommersche Boddenlandschaft ist der älteste noch betriebene Leuchtturm an der Ostseeküste. Seit 1849 sichert er die Kadettrinne, ein schwieriges Fahrwasser mit Untiefen und wandernden Sandbänken. Im Leuchtturm ist das Natureum untergebracht, eine Außenstelle des Meereskundemuseums Stralsund. Es dokumentiert die Entstehung, Entwicklung, Flora und Fauna der Landschaft am Darßer Ort, im »Ostsee-Aquarium« tummeln sich Fische und Wirbellose, die auch das Wasser vor dem Darßer Ort bevölkern.

22

HAMBURG UND DIE SÄCHSISCHE SCHWEIZ
DER ELBE-RADWEG IM NORDEN UND OSTEN

Mit dem Wind im Rücken lässt es sich gemütlich an der Elbe entlangradeln, durch Naturparks und berühmte Orte wie Meißen und Pirna, ins elegante Hamburg und bis zur Elbemündung. Wer müde wird, legt eine Fahrt mit Fähre oder S-Bahn ein.

Die Mitglieder des Allgemeinen Deutschen Fahrradclubs (ADFC) wählen den Elbe-Radweg immer wieder zum beliebtesten Radfernweg in Deutschland. Von der Mündung in die Nordsee bei Cuxhaven führt er quer durch das Norddeutsche Tiefland zu Glanzpunkten wie Dessau, Wörlitz, Meißen und Dresden und bis zu den großartigen Felsszenerien der Sächsischen Schweiz.

DA DIE ELBE von der Mündung bis ins Elbsandsteingebirge lediglich bis auf 130 m über dem Meeresspiegel ansteigt, sind die Steigungen kaum erwähnenswert: Flott geht es auf Asphaltwegen mit dem Wind im Rücken flussaufwärts voran. Da der Radweg auf den Hochuferstrecken zwischen Geesthacht und Lauenburg sowie im Naturpark Elbufer-Drawehn zweisträngig ist, kann man hier jeweils die ›Flachlandroute‹ am gegenüberliegenden Ufer befahren. Weit wichtiger für die Fahrtrichtung als die Anstiege sind die atlantischen Winde, die ungebremst von der Deutschen Bucht ins Elbtal hereinfegen: Von Cuxhaven bis zur Havelmündung sowie von Wittenberg bis zur deutsch-tschechischen Grenze ist wegen der Hauptwindrichtung das Befahren des Elbe-Radwegs in Flussaufwärtsrichtung zu empfehlen – dann ›segelt‹ man vor dem Wind.

DAS SEGELN MIT DEM WIND beginnt gleich an der Mündung: Vom Nordseeheilbad Cuxhaven folgt der Elbe-Radweg den Deichen stromaufwärts nach Otterndorf im Herzen des Landes Hadeln. Die Gebiete am linken Ufer der unteren Elbe gehören alle zu historischen ›Ländern‹; am bekanntesten ist das Alte Land mit seinen Obstbaumfluren, westlich schließt das Land Kehdingen an, das bis zur Oste reicht, und westlich der Oste liegt das Land Hadeln. Nach Überqueren der Oste geben die Deiche an der Unterelbe den Weg vor in den 800 Jahre alten Flecken Freiburg, ehe in Wischhaven der Wechsel nach Glückstadt am rechten Elbufer erfolgt: Die Fährüberfahrt auf dem hier noch immer sehr breiten Strom ist eine willkommene Abwechslung. Von Glückstadt bis in die Hansestadt Hamburg hat der Elbe-Radweg denselben Routenverlauf wie der Nordseeküsten-Radweg.

MIT SCHLOSS UND PARK Wörlitz sowie den Kulturerbestätten in Dessau und Wittenberg bietet der Elbe-Radweg im Biosphärenreservat Mittelelbe auch hochrangige kulturelle Einrichtungen. Das Dessau-Wörlitzer Gartenreich zählt zu den bedeutenden Schlösser- und Parklandschaften Europas und steht als Weltkulturerbe unter dem Schutz der UNESCO. Es umfasst u. a. die Schlösser und Parks Luisium, Georgengarten mit der Anhaltischen Gemäldegalerie, Mosigkau, Großkühnau, Leiner Berg, Sieglitzer Berg, Oranienbaum und Wörlitz.

MIT SCHLOSS WÖRLITZ (1769–73) schuf Friedrich Wilhelm von Erdmannsdorf (1736–1800) ein Meisterwerk des Frühklassizismus. Nach dem palladianischen Vorbild von Schloss Claremont in

---

DAS DESSAU-WÖRLITZER GARTENREICH (im Hintergrund der Venustempel) entstand im 18. Jh. unter Fürst Leopold III. Friedrich Franz von Anhalt-Dessau, getreu seinem Motto »utile dulci«, das Nützliche mit dem Angenehmen verbinden.

IN KÜRZE

LAGE Von West nach Ost durch sechs Bundesländer von Cuxhaven in Niedersachsen durch Hamburg, Mecklenburg-Vorpommern, Brandenburg, Sachsen-Anhalt und Sachsen

LÄNGE 838 km verteilt auf 14 Etappen

START Cuxhaven, Nordseeheilbad an der Elbmündung am Rand des Nationalparks Niedersächsisches Wattenmeer

ZIEL S-Bahnhof Schöna in der Gemeinde Reinhardtsdorf-Schöna direkt vor der tschechischen Grenze. S-Bahn Dresden–Bad Schandau–Schöna

INFO Elbe Rad Touristik
Gerhart-Hauptmann-Str. 2
39108 Magdeburg
Tel. 0391 7 33 03 34
www.elberadweg.de

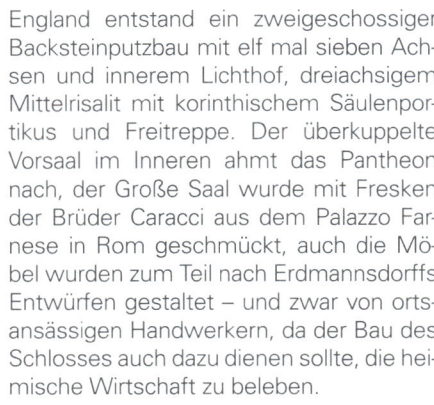

SCHIFF AHOI!
Bei der Hamburger Hafenrundfahrt erkundet man die Hafenanlagen und die Speicherstadt (www.hafensafari.com).

Der bekannteste Sohn der Stadt Pirna ist der Dominikanermönch Johann Tetzel (1460–1519), der hier als Sohn eines Goldschmieds zur Welt kam. Tetzels Tätigkeit im Ablasshandel und seine Ablasspredigten in ganz Sachsen und später in Süddeutschland und Österreich veranlassten den Augustinermönch Martin Luther (1483–1546) zur Veröffentlichung seiner 95 Thesen »Zur Aufklärung über die Kraft des Ablasses«. 1519 starb Johann Tetzel in Leipzig an der Pest.

England entstand ein zweigeschossiger Backsteinputzbau mit elf mal sieben Achsen und innerem Lichthof, dreiachsigem Mittelrisalit mit korinthischem Säulenportikus und Freitreppe. Der überkuppelte Vorsaal im Inneren ahmt das Pantheon nach, der Große Saal wurde mit Fresken der Brüder Caracci aus dem Palazzo Farnese in Rom geschmückt, auch die Möbel wurden zum Teil nach Erdmannsdorffs Entwürfen gestaltet – und zwar von ortsansässigen Handwerkern, da der Bau des Schlosses auch dazu dienen sollte, die heimische Wirtschaft zu beleben.

DER PARK, der das Wörlitzer Schloss umgibt, ist einer der herausragenden Landschaftsgärten in Deutschland und eine der frühesten nach englischem Vorbild gestalteten Anlagen Deutschlands. Auch hier war Erdmannsdorf der federführende Architekt. Die Ideen Jean-Jacques Rousseaus, Johann Winckelmanns, Horace Walpoles und anderer flossen in die Gestaltung des Parks ein, der von Anfang an auch der Erholung der Bürger diente.

DER ELBE-RADWEG in der Felsenwelt der Sächsischen Schweiz kann als die landschaftlich eindruckvollste leichte Radtour in Deutschland beschrieben werden. Er folgt dem Fluss auf meist flotten Wirtschaftswegen ohne Autoverkehr. Da er zudem kaum Steigungen aufweist und mit der vorherrschenden Windrichtung ostwärts führt, ist der Blick frei auf die grandiose Naturumgebung. Die Elbfähren transportieren auch Fahrräder, sodass mehrfach der Wechsel ans gegenüberliegende Ufer möglich ist: Dank der zahlreichen S-Bahnhöfe lässt sich die Tour beliebig verkürzen, die Anbindung an Wanderwege ermöglicht zudem reizvolle Abstecher zu Fuß.

DIE CANALETTO-STADT Pirna liegt am Übergang der Dresdner Elbtalweitung zum Elbsandsteingebirge. Berühmt wurde das ›Tor zur Sächsischen Schweiz‹, die im Schutz der Burg Sonnenstein links der Elbe entstandene Stadt, durch die detailgetreuen Gemälde des aus Italien stammenden sächsischen Hofmalers Bernardo Bellotto, genannt Canaletto (1721–1780). Da Pirna von Kriegszerstörungen weitgehend verschont blieb, weist die mittelalterliche und Renaissance-Altstadt noch heute viel Ähnlichkeit mit den Darstellungen Canalettos auf. Das Stadtbild prägt vor allem die gotische Marienkirche. Das Rathaus (16./19. Jh.) thront frei auf dem Marktplatz, rund um den Markt sowie in den angrenzenden Straßen stehen das Canaletto-Haus und andere meist vorbarocke Bürgerhäuser. Noch 32 Kilometer trennen uns vom Ziel, dem flussaufwärts am linken Elbufer gelegenen kleinen Grenzort Schöna. ■

BÄDER UND WELLNESS IN DER SÄCHSISCHEN SCHWEIZ Reine Luft, intakte Natur, frisches, klares Wasser und leckeres, gesundes Essen – so verwöhnt die Sächsische Schweiz Wanderer und Radreisende. Der Kneippkurort Bad Schandau (links) mit der Toskana-Therme an der Elbe ist die bekannteste Wellness-Oase der Region. Der Kurort Gohrisch gilt als die älteste Sommerfrische der Sächsischen Schweiz und ganz im Süden liegt der Kneippkurort Bad Gottleuba.

100-JÄHRIGES ENSEMBLE DIE SPEICHERSTADT

An den Fleeten (Kanälen) des Hamburger Freihafens liegt die 1884–1910 errichtete Speicherstadt mit Lager- und Kontorhäusern. Viele der aufwendig sanierten roten Backsteinbauten beherbergen heute Restaurants, Büros und Vergnügungsstätten, die meisten fungieren jedoch noch immer als Lagerhäuser für Güter wie Kaffee, Tee, Kakao, Gewürze, Tabak, Computer und Orientteppiche.

OBEN Das Gartenreich Dessau-Wörlitz zieren zahlreiche Skulpturen wie die kniende Venus.

MITTE Auf weiten Strecken – wie hier bei Bad Schandau – weist der Elbe-Radweg nur unerhebliche Steigungen auf.

UNTEN Das klassizistische Schloss Luisium war der Landsitz von Fürstin Louise von Anhalt-Dessau, Gattin des Begründers des Gartenreichs Dessau-Wörlitz.

WUNSCHERFÜLLUNG
BREMEN UND SEINE STADTMUSIKANTEN

Die knapp 5,50 m hohe Roland-Statue, das Wahrzeichen Bremens, und das Renaissance-Rathaus gehören zum Weltkulturerbe der UNESCO. Gleich daneben stehen die Bremer Stadtmusikanten, eine von Gerhard Marcks (1898–1981) 1952 geschaffene Bronzeskulptur. Da es heißt, es gehe ein Wunsch in Erfüllung, wenn man die Vorderbeine des Esels umfasst oder reibt, haben Hunderttausende Besucher aus aller Welt diese Stelle glänzend gerieben. Das Märchen von den vier Tieren, die sich zusammengetan haben, um ihrem traurigen Los zu entkommen, gehört zu Bremen wie der Roland – die Geschichte wird regelmäßig in Freilichtaufführungen thematisiert.

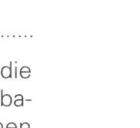

23

WESERRENAISSANCE UND KRABBENKUTTER
DER WESER-RADWEG IM NORDEN

Auf dieser Tour passiert man das Weserbergland, Deutschlands Märchenstube – dies ist die Heimat von Dornröschen, Aschenputtel, dem Lügenbaron Münchhausen, Frau Holle und dem Rattenfänger von Hameln.

Von der Drei-Flüsse-Stadt Hann. Münden folgt der Weser-Radweg dem Strom auf knapp 500 km durch das Weserbergland und das Norddeutsche Tiefland zur Mündung in die Nordsee im Nationalpark Niedersächsisches Wattenmeer. Durch vier Bundesländer geht die Fahrt an Burgen, Felsen und Bergen, an Windmühlen und Weserrenaissance-Altstädten vorbei und durch die UNESCO-Weltkulturerbestadt Bremen hinaus in die grünen Marschen und zu den Krabbenkutter- und Seehäfen. Die Kugelbake vor den Sandstränden des Nordseeheilbads Cuxhaven markiert das Ende des Weser-Radwegs und den Beginn des Elbe-Radwegs.

DIE ALTSTADT von Hann. Münden mit ihren rund 700 Fachwerkhäusern liegt am Fuß von Kaufunger Wald, Reinhardswald und Bramwald. Am Rand der Altstadt beginnt vor der Halbinsel Tanzwerder die Weser: »Wo Werra sich und Fulda küssen,/Sie ihren Namen büßen müssen./Und hier entsteht durch diesen Kuss,/Deutsch bis zum Meer, der Weserfluss« – so steht es auf dem Weserstein auf der äußersten Spitze der Halbinsel. Hier beginnt der Weser-Radweg zur Nordsee.

ZWISCHEN MÜNDEN und der Porta Westfalica durchfließt die Oberweser die Hügellandschaften und Wiesentäler des Weserberglandes, der Märchenstube Deutschlands: Der Lügenbaron Münchhausen und der Wundarzt Dr. Eisenbarth sind hier ebenso zu Hause wie Frau Holle, als deren Refugium die Hämelschenburg gilt, und in der Sababurg im Reinhardswald soll Dornröschen geschlafen haben.

DER RADWEG führt nördlich von Münden ins Durchbruchstal zwischen Bram- und Reinhardswald und darauf in die nordhessische Solekurstadt Bad Karlshafen an der Mündung der Diemel. Wenn Herstelle und die Hannoverschen Klippen passiert sind, ändert sich der Charakter des Wesertals. Haben bisher Bram- und Reinhardswald den Fluss in beruhigender Symmetrie begleitet, erstaunt nun die Vielfalt der Landschaft: Rechts wölbt sich die Buntsandsteinkuppel des Sollings, links ragen Bergflanken und Felsklippen auf, Muschelkalkberge erheben sich als bastionsartige Türme. Wo die Bever in die Weser mündet, liegt Beverungen, jahrhundertelang Hafenstadt des Hochstifts Paderborn. In der Fachwerkstadt Höxter mündet der Europaradweg R1 in den Weser-Radweg ein. Ein kultureller Höhepunkt ist die karolingische Kirche der ehemaligen Benediktinerabtei Corvey.

DURCH DIE WIESEN des Oberwesertals zu Füßen des Naturparks Solling-Vogler führt der Weser-Radweg von Holzminden – dem internationalen Zentrum der Riech- und Geschmacksstoffindustrie – nach Bodenwerder und Hameln. Bei Fischbeck unterhalb von Hameln sinkt der Keuper unter die Talaue, an seine Stelle treten Tone und Tonschiefer, gleichzeitig rücken im Süntel die harten Kalkstufen des Oberen Jura näher an den

---

OBEN Das 1936 von Bernhard Hoetger geschaffene Goldrelief »Der Lichtbringer« am Beginn der Böttcherstraße in Bremen ist nicht unumstritten.

LINKS AUSSEN Schloss Hämelschenburg in Emmerthal bei Hameln gilt als Hauptwerk der Weserrenaissance.

LINKS Der Hahn der Bremer Stadtmusikanten bei einer Aufführung in der Hansestadt.

IN KÜRZE

LAGE Vier-Bundesländer-Fahrt von Hann. Münden in Niedersachsen durch Hessen, Nordrhein-Westfalen und Bremen

LÄNGE ca. 500 km verteilt auf 11 Etappen

START Hann. Münden, Fachwerkstadt am Weserursprung

ZIEL Cuxhaven, Nordseeheilbad am Nationalpark Niedersächsisches Wattenmeer

INFO Weserbergland Tourismus e. V.
Deisterallee 1
31785 Hameln
Tel. 05151 930 00
www.weserradweg-info.de

KÜHLES NASS
In Nordenham lädt das große Weserfreibad zum Planschen ein – eine willkommene Abwechslung auf der Radtour.

Alljährlich im Sommer finden im Weserbergland, dem Land der Märchen und Sagen, mehrere Freilichtspiele mit märchenhaften Themen statt: In Hameln wird die Geschichte des listigen Rattenfängers erzählt, in Bodenwerder darf Münchhausen lügen, dass sich die Bühnenbalken biegen, und auf der Burg Polle wird Aschenputtel vor historischer Kulisse vom Prinzen schließlich als die wahre Braut erkannt.

Fluss heran und begrenzen markant das weite Tal. Der harte, steile Kamm zwingt die Weser nach Westen und begleitet sie unter den Namen Süntel und Wesergebirge bis zur Porta Westfalica. Zwischen Hessisch Oldendorf und Rinteln thront oberhalb des Flusses die Schaumburg, der Stammsitz der Schaumburger.

VON RINTELN aus führt der Weser-Radweg am Wassersport-Freizeitgebiet Doktorsee vorbei und wechselt dann in den Osten Westfalens. Hier knickt der Fluss am Weserknie in Vlotho scharf nach Norden zum Staatsbad Bad Oeynhausen, beschreibt am Fuß des Wiehengebirges einen letzten Bogen, durchbricht in der Westfälischen Pforte die Kette von Weser- und Wiehengebirge und tritt ins Tiefland hinaus.

DIE TIEFLANDSTRECKE vom westfälischen Minden bis zur Hansestadt Bremen wird als ›Mittelweser‹ bezeichnet. Von Verden führt der Radweg zu den Sachsenhain-Steinreihen und durch grüne Marschen am Schleusenkanal entlang zur Mündung der Alten Aller am Fuß des Badener Bergs. Von Achim am Sonnenhang über dem Wesertal geht es in zwei Strängen nach Bremen: Das nahezu siedlungsfreie Marschenland rechts der Weser mit dem Landschaftsschutzgebiet Clüverswerder zählt zu den einsamsten Tourenetappen; auf der etwas längeren Route links der Weser warten die schmucken Dörfer Thedinghausen und Riepe, ehe Bremen den städtischen Glanzpunkt setzt.

VON BREMENS Weserpromenade führt der Radweg hinaus ins Grünland längs des Stroms und wechselt am Ochtum-Sperrwerk in die Marschenlandschaft von Stedingen. Eine technische Sehenswürdigkeit ist das Huntesperrwerk an der Mündung der Hunte, das dem Hochwasserschutz dient. Einen Abstecher lohnt die zwischen den Flüssen Hunte und Weser gelegene Halbinsel Elsflether Sand. Ab Brake-Golzwarden folgt der Radweg auf autofreien Asphalt- und Betonplattenwegen den Weserdeichen nach Nordenham, wo sich der letzte Bahnhof der Linie Bremen–Brake–Nordenham befindet. Wer den Nordstrang des Weser-Radwegs nach Cuxhaven befahren will, setzt in Blexen mit der Fähre nach Bremerhaven über.

DER MÜNDUNGSBEREICH der Weser ist derart weit, dass sich hier der Weser-Radweg zweiteilt: Der Weststrang führt im Gleichlauf mit dem Nordseeküsten-Radweg längs der Butjadinger Küste bis Eckwarderhörne am Jadebusen; der Nordstrang führt ebenfalls im Gleichlauf mit dem Nordseeküsten-Radweg längs der Wurster Küste ins Seebad Cuxhaven. ■

RATTENFÄNGER VON HAMELN Am 26. Juni 1284 soll der Sage nach ein Pfeifer die Stadt von der Rattenplage befreit haben, dann aber um seinen Lohn gebracht worden sein. Darauf habe er 130 Kinder durch das Ostertor zur Stadt hinausgeführt, die Kinder habe man nie mehr gesehen. Der Rattenfänger wurde eine der bekanntesten deutschen Sagengestalten, die Geschichte wird alljährlich in Hameln als Freilichtspiel aufgeführt (2020 bei Redaktionsschluss noch unklar).

Hann. Münden • 46 km • Bad Karlshafen • 38 km • Holzminden • 56 km • Hameln • 36 km • Rinteln • 46 km • Minden • 36 km • Stolzenau • 25 km • Nienburg • 51 km • Verden • 44 km • Bremen • 91 km • Bremerhaven • 57 km • Cuxhaven

LINKS Das Bremer »Universum« ist ein Science Center der Extraklasse: Im futuristischen Bau bei der Universität kann man in den Erlebnisbereichen Technik, Mensch, Natur erfahren, wie die Welt funktioniert.

UNTEN LINKS Der Mittellandkanal – eine der wichtigsten Wasserstraßen Deutschlands – wird nördlich von Minden in einer speziellen Brückenkonstruktion über die Weser geführt.

UNTEN RECHTS Ein Detail an einem der Fachwerkhäuser in der Lange Straße in Hann. Münden.

24

ÜBERS LAND IN DIE HAUPTSTADT
DER SPREE-RADWEG IM OSTEN

Diese Tour folgt auf weiten Strecken bequemen Radwegen. An der Spreequelle kann man schon mal um gutes Wetter und schöne Erlebnisse bitten: Den Blauen Steinen dort werden Glück bringende Eigenschaften zugeschrieben.

Die Spree entspringt im Lausitzer Bergland und mündet nach 382 km im Westen von Berlin in die Havel. Der Spree-Radweg folgt ihr vom Quellgebiet durch die Oberlausitzer Heide- und Teichlandschaft und den Spreewald sowie durch die Seenrinne zwischen dem Baruther und dem Berliner Urstromtal bis vor die Tore der Bundeshauptstadt. Die drei Spreequellendörfer Walddorf, Eibau und Ebersbach liegen an der Eisenbahnstrecke Dresden–Zittau, sodass der Ausgangspunkt gut mit der Bahn zu erreichen ist.

BERGRÜCKEN AUS GRANIT, Vulkankuppen, Sandstein-Felsfluchten, malerische Dörfer und Täler prägen die Mittelgebirgslandschaft der Oberlausitz. Der Kottmar (583 m) ist der nördlichste große Vulkankegel des Lausitzer Berglandes und der Quellberg der Spree: Der Buchenborn ist die höchstgelegene Quelle des größten Nebenflusses der Havel, das Wasser der sogenannten Walddorfer Spreequelle quillt aus den glückbringenden Blauen Steinen *(bloe steene)*. Während die Spree durch die Elbe der Nordsee zufließt, entwässern die im Nord- und Osthang entspringenden Bäche in die Ostsee, der markante Bergstock des Kottmar ist Wetter- und Wasserscheide zugleich. Der Niederschlagsreichtum und das steile Gelände prädestinieren ihn zudem für den Wintersport: Internationale Skispringer nehmen regelmäßig am Springen von der Kottmarschanze teil. Vom 15 m hohen Kottmarturm hat man einen grandiosen Rundblick. Die Neugersdorfer Spreequelle, die ergiebigste der drei Spreequellen, speist das 1927 eingeweihte Neugersdorfer Volksbad. Die Ebersbacher Spreequelle, der Spreeborn, ist durch einen 1896 eingeweihten Pavillon eingefasst. An der Kreuzung Bahnhofstraße/Hauptstraße treffen sich die Teilflüsse Spree-Kottmar und Spree-Neugersdorf, um gemeinsam als Spree Richtung Berlin zu fließen.

NÖRDLICH DER SORBENSTADT Bautzen mit der Ortenburg und der denkmalgeschützten Altstadt passiert der Radweg die Spreetalsperre Bautzen, das ›Oberlausitzer Meer‹, und gelangt in das Biosphärenreservat Oberlausitzer Heide- und Teichlandschaft. Relikte des Braunkohletagebaus sind unübersehbar, eines der Symbole war das Kombinat ›Schwarze Pumpe‹ bei Spremberg. Zu den bedeutendsten Wassersportrevieren im südlichen Brandenburg zählt die als Landschaftsschutzgebiet ausgewiesene Talsperre Spremberg. Nach Passieren der Niederlausitz-Metropole Cottbus verlässt der Radweg kurz die Spree, um zu den Peitzer Teichen zu führen, dann taucht er in das Biosphärenreservat Spreewald ein.

DER VON DER SPREE und Dutzenden kleinerer und größerer Flussarme und Kanäle durchflossene Spreewald steht als Biosphärenreservat unter dem Schutz der UNESCO. Der Wasser- und Biotopreichtum dieses Gebiets sorgt für eine einzigartige Vielfalt in Flora und Fau-

OBEN Auf der Kulturinsel Einsiedel im Spreewald entstand Deutschlands erstes Baumhotel mit luxuriösen Baumhäusern hoch in den Wipfeln.

UNTEN Abends erstrahlt die Ortenburg in Bautzen in malerischem Licht.

IN KÜRZE

LAGE Vom Lausitzer Bergland in Sachsen bis Erkner südöstlich von Berlin

LÄNGE 382 km (420 km bis Berlin-Mitte) verteilt auf 8 Etappen

START Walddorfer Spreequelle am Kottmar in der Gemeinde Eibau in der Oberlausitz

ZIEL Erkner, Stadt im Südosten Berlins

INFO
Märkische Tourismuszentrale Beeskow e. V.
Berliner Str. 30
15848 Beeskow
Tel. 03366 42 211
www.spreeregion.de

SEE-HÜPFEN
In Berlin laden sowohl der Große Müggel- als auch der Wannsee zum Schwimmen, Surfen, Segeln oder Rudern ein.

Der Lübbener Hain bei Lübben ist ein Auenwald mit alten Eichen, der bereits 1909 als Naturdenkmal von außerordentlicher Bedeutung und seltener Schönheit unter Schutz gestellt wurde. Das Liuba-Denkmal an der Berste erinnert daran, dass dieses Gebiet in vorgeschichtlicher Zeit wohl der slawischen Fruchtbarkeits- und Liebesgöttin Liuba geweiht war. Liuba gilt als Namensgeberin von Lübben und Lübbenau.

na. Als Folge der letzten Eiszeit fächerte sich die mittlere Spree hier in ein gigantisches Wasserwegenetz mit dichten Laubwäldern auf.

DER RADWEG führt nun mitten durch den Spreewald, der in Ober- und Unterspreewald aufgeteilt wird. Während der überwiegend gerodete und als Dauergrünland für den Obst- und Gemüseanbau (Spreewaldgurken) genutzte Oberspreewald nur noch zu 15 Prozent bewaldet ist, besteht der Unterspreewald noch zur Hälfte aus urwüchsigen naturnahen Laubwäldern. Die nordwestliche Begrenzung des Unterspreewalds bilden die Krausnicker Berge mit dem Köthener See, als nördlicher Abschluss erinnert der Neuendorfer See daran, dass das gesamte Gebiet des Unterspreewalds nach der letzten Eiszeit ein Gletscherzungenbecken war, das die eiszeitliche Spree mit Schmelzwassern und Ablagerungen füllte.

LÜBBEN ist das Tor zum auenwaldreichen Unterspreewald und zu den Grünlandflächen des Oberspreewaldes. Hauptsehenswürdigkeiten sind die Schlossinsel mit dem Spätrenaissance-Schloss (1682) und die spätgotische Paul-Gerhardt-Kirche mit dem Grabmal des Kirchenlieddichters, der 1667 in Lübben starb. Die Schlossinsel bildet den Rahmen für Veranstaltungen wie den ›Inselmusiksommer‹. Etwa 14 km nördlich von Lübben erreichen wir Schlepzig. Die Informationsstelle des Biosphärenreservats Spreewald in der Alten Mühle präsentiert dort die Dauerausstellung ›Unter Wasser unterwegs‹.

WIR NÄHERN UNS BERLIN. Der Regionalpark Müggel-Spree beidseits der Spree zwischen Berlin-Köpenick und Fürstenwalde ist der größte und wasserreichste der sieben Regionalparks im Berliner Umland. Hier liegt Fürstenwalde, neben Havelberg und Brandenburg die dritte märkische Domstadt. Der spätgotische Mariendom – heute evangelische Stadtkirche – ist das Wahrzeichen der Stadt. Zwischen Fürstenwalde und Erkner duchquert der Radweg einsame Kiefern- und Auenwälder.

ERKNER IM SÜDOSTEN von Berlin ist der Endpunkt des Spree-Radwegs, an den unmittelbar der erste Höhepunkt in Berlin angrenzt: der Große Müggelsee, der größte See Berlins. Eichen- und Buchenwälder säumen im Westen und Süden den 7,3 km² großen, bis zu acht Meter tiefen, von der Spree durchflossenen See. Auf seiner Südseite erheben sich die waldbedeckten Moränen der bis zu 115 m hohen Müggelberge mit dem ›Müggelturm‹, einem Aussichtsturm. Die Spree hört hier noch nicht auf und niemand hindert uns daran, ihr weiter bis nach Berlin hinein zu folgen. ■

SPREEWALDGURKEN Gurken sind die bekanntesten Produkte des UNESCO-Biosphärenreservats Spreewald, das befand bereits in den 1870er-Jahren der Schriftsteller Theodor Fontane: Der Spreewaldgurken-Salat zählt zu den Standards in den Restaurants am Spree-Radweg und im Glas gibt es Spreewaldgurken allerorten als Gewürzgurken, Cornichons, Stix, Dillhappen, in Knoblauch eingelegt oder Pfefferknacker zu kaufen. In Lübbenau ist ihnen sogar ein eigenes Museum gewidmet.

Walddorf — 55 km — Bautzen — 73 km — Spremberg — 29 km — Cottbus — 41 km — Burg — 33 km — Lübben — 33 km — Alt Schadow — 78 km — Fürstenwalde — 40 km — Erkner bei Berlin

Spreewald

OBEN Treppenkonstruktion in der Bibliothek der Technischen Universität Cottbus.

MITTE Der Naturlehrpfad Röhrichtsteig im Biosphärenreservat Oberlausitzer Heide- und Teichlandschaft.

UNTEN LINKS Kahnkorso beim Spreewaldfest in Lübben, bei dem die Sorben ihre Bräuche und Trachten präsentieren.

UNTEN RECHTS Im Spreewald sind wieder viele Weißstörche heimisch. In Vetschgau informiert ein Zentrum über das Leben dieser prächtigen Vögel.

TRADITIONSPFLEGE
SORBEN IN DER LAUSITZ

Die Sorben sind ein slawisches Volk, ihre ›Hauptstadt‹ ist Bautzen (sorbisch: Budyšin). Die Sorben genießen in Sachsen (Oberlausitz) und Brandenburg (Niederlausitz) die Rechte einer nationalen Minderheit, jeder Ort hat einen deutschen und einen sorbischen Namen. Zahlreiche sorbische Traditionen, Sitten und Gebräuche werden bis heute gepflegt, darunter Vogelhochzeit, Maibaumwerfen und Osterreiten. Auch die sorbischen Volkstrachten werden sorgfältig gehütet.

25

DER ZAUBER NATÜRLICHER FLUSSAUEN
DER ODER-NEISSE-RADWEG IM OSTEN

Um die einst scharf bewachten Grenzflüsse herum konnte die Natur sich über viele Jahrzehnte von menschlichen Einflüssen ungestört behaupten – sehr zur Freude heutiger Radfahr- und Wandertouristen.

IN KÜRZE

LAGE jeweils im äußersten Osten von Sachsen, Brandenburg und Mecklenburg-Vorpommern

LÄNGE 495 km verteilt auf 8 Etappen

START Görlitz, östlichste Stadt Deutschlands

ZIEL Ahlbeck, Deutschlands östlichstes Seebad

INFO
Tourismusverband Seenland Oder-Spree e. V.
Ulmenstr. 15
15526 Bad Saarow
Tel. 033631 86 81 00
www.oderneisse-radweg.de

Der Oder-Neiße-Radweg folgt von der Neißequelle bei Reichenberg den Grenzflüssen durch die Flusslandschaften und alten Städte im Grenzgebiet von Tschechien, der Bundesrepublik und Polen. In einer abwechslungsreichen Route leitet er vom Isergebirge durch die Lausitz und das Oderbruch, verlässt im Nationalpark Unteres Odertal den Strom und schlängelt sich durch die flachwellige Moränenlandschaft der Ueckermünder Heide nach Ueckermünde an der Mündung der Uecker ins Stettiner Haff. Ziel des östlichsten Radfernwegs Deutschlands ist das Seebad Ahlbeck auf der Insel Usedom.

IN GÖRLITZ beginnt die Route. Ziel der ersten Etappe ist Bad Muskau. Die Europastadt Görlitz-Zgorzelec, sorbisch Zhorjelc, ist die östlichste Stadt der Bundesrepublik und mit 3600 Einzeldenkmälern fast aller Stilepochen von der Gotik bis zum Art déco das größte Flächendenkmal in Deutschland. Die Altstadt liegt über dem Westufer der Lausitzer Neiße. Nach dem Zweiten Weltkrieg wurde die Stadt geteilt, östlich des Flusses bildet das zu Polen gehörende Zgorzelec eine eigene Stadt in der Woiwodschaft Niederschlesien; Görlitz und Zgorzelec sind durch mehrere Brücken, darunter eine Fußgängerbrücke, miteinander verbunden. Von Görlitz aus folgt der Radweg dem deutsch-polnischen Grenzfluss durch das Hügelland längs der Lausitzer Neiße nach Bad Muskau mit dem berühmten Fürst-Pückler-Park.

DER MUSKAUER PARK am Ziel der ersten Etappe ist der größte englische Landschaftsgarten auf dem europäischen Festland und steht als Weltkulturerbe seit 2004 unter dem Schutz der UNESCO. Hermann von Pückler-Muskau (1785–1871) legte den Park ab 1817 auf seinem Familiensitz an. Der Park liegt zu einem Drittel auf deutschem Gebiet; der restliche Teil liegt nördlich der Lausitzer Neiße in Polen. Beide Teile sind

LINKS Blick von der Bergkirche aus auf das im Stil der Neorenaissance gestaltete Neue Schloss in Bad Muskau.

RECHTS Ein grauer, gehörnter Schnuckenbock in der Niederlausitzer Heide. Daneben: Morgenstimmung im Oderbruch.

ELBBIBER
Er war schon fast ausgerottet, inzwischen baut der fleißige Biber wieder seine Dämme besonders um Guben und Frankfurt/Oder.

durch eine Brücke verbunden. Von Bad Muskau aus führt der Weg weiter nördlich über Guben, Eisenhüttenstadt und Frankfurt/Oder durch das Oderbruch bis Schwedt in der seenreichen Uckermark.

NÄCHSTES ZIEL ist Löcknitz am Löcknitzer See mit seiner gleichnamigen mittelalterlichen Burg. Von dort aus führt die Nordetappe des Oder-Neiße-Radwegs am Rand des Randowbruchs in die Ueckermünder Heide, das größte Waldgebiet Vorpommerns. Dort gibt der Bahndamm der ehemaligen Randower Kleinbahn die Route vor zum Neuwarper See, der Südbucht des Kleinen Haffs. Ziel ist die Seestadt Ueckermünde am Stettiner Haff. Die von der Uecker durchflossene Stadt wartet mit einer geschlossenen Altstadtbebauung rund um den viereckigen Markt auf. Im Renaissanceschloss der pommerschen Herzöge ist das Haffmuseum untergebracht, in dem man neben vielen Exponaten aus der Schifffahrt auch etwas über die traditionelle Ziegelindustrie von Ueckermünde erfährt. Früher war das Leben im Stadthafen vor allem durch Lastkähne und Fischkutter geprägt, heute dominieren touristische Nutzungen: Ausflugsfahrten auf dem Stettiner Haff, zur Insel Usedom und ins benachbarte Polen.

ALS STETTINER HAFF wird das Boddengewässer landseitig der Ostseeinseln Usedom und Wollin vor den Mündungen von Oder, Uecker, Peenestrom und Dievenow bezeichnet. Das zweitgrößte Ostsee-Haff erstreckt sich 50 km in West-Ost- und bis zu 25 km in Süd-Nord-Richtung und wird politisch in das überwiegend in Deutschland gelegene Kleine Haff sowie das in Polen gelegene Große Haff gegliedert; am Übergang dazwischen liegt die kleine Bucht Neuwarper See, durch die die deutsch-polnische Grenze verläuft. Im Seebad Ahlbeck, dem Ziel der Tour, bewundern wir die alte Seebrücke und springen erst einmal in die Ostsee.

Das knapp 60 km lange und 12–20 km breite Oderbruch ist ein Binnendelta der Oder im Landkreis Märkisch-Oderland in Brandenburg. Die Nachsilbe »-bruch« leitet sich von mhd. »bruoch« für »Sumpf« ab. Diese Region ist immer wieder von Hochwasser bedroht, hervorgerufen durch extreme Niederschläge. Die Trockenlegung und Eindeichung weiter Bereiche erfolgte bereits im 18. Jh. unter dem Preußenkönig Friedrich II.

SEEBAD MIT BRÜCKE AHLBECK, USEDOM
Der Ortsteil von Heringsdorf ist ein beliebter Badeort und bekannt für seine Seebrücke (1899).

25 GEHEIMTIPP
Stettiner Haff: An der Ostseeküste von Usedom herrscht von Juli bis September Trubel, an der Haffseite hat man meist seine Ruhe.

26

ROMANTISCHE FLUSSTOUR
DER LAHNTAL-RADWEG IM WESTEN

Noch ist er fast ein Geheimtipp unter Radwanderfreunden: Auf dem Lahntal-Radweg passiert man wunderbare ursprüngliche Landschaften sowie malerische historische Städte wie Wetzlar und Marburg.

IN KÜRZE

LAGE Drei-Bundesländer-Fahrt von der Quelle in Nordrhein-Westfalen durch Hessen zur Mündung in den Rhein in Rheinland-Pfalz

LÄNGE 243 km verteilt auf 11 Etappen

START Forsthaus Lahnquelle (605 m), Lahnhof 1, in 57250 Netphen-Lahnhof im nordrhein-westfälischen Landkreis Siegen-Wittgenstein

ZIEL Lahnstein (66 m) an der Mündung der Lahn in den Rhein im Rhein-Lahn-Kreis in Rheinland-Pfalz

INFO Lahntal Tourismus Verband Brückenstr. 2 35576 Wetzlar Tel. 06441 30 99 80 www.daslahntal.de

Zahlreiche Burgen, Schlösser und Fachwerkstädte machen den Reiz des Lahntal-Radwegs aus. Die Route beginnt an der Lahnquelle auf dem Siegerländer Rothaarkamm und führt auf einer Länge von 243 km durch die Ostabdachung des Rothaargebirges und das Hessische Bergland sowie durch den Naturpark Nassau bis zur Mündung in den Rhein bei Lahnstein im als UNESCO-Weltkulturerbe ausgewiesenen Oberen Mittelrheintal.

IN UNMITTELBARER NACHBARSCHAFT liegen am südlichen Rothaarkamm im Siegerland die Quellen von Eder, Sieg und Lahn. Die Flüsse verlassen das Rothaargebirge allerdings in verschiedene Himmelsrichtungen: Die Eder strebt der Fulda zu, Sieg und Lahn suchen sich ihren Weg in den Rhein. Die am weitesten südlich gelegene Flussquelle ist die der Lahn: Beim Gasthof »Forsthaus Lahnquelle« in Netphen-Lahnhof befindet sich unter alten Eschen der um 1750 angelegte Quellteich. In ihm sammeln sich die sieben Quellarme des Flusses, hier beginnt auch der Lahntal-Radweg.

DIE LAHN fließt auf ihrem kurvigen Lauf an einer Vielzahl ehemaliger Burgen und Schlösser vorbei, was auf die komplizierte Territorialgeschichte der Region verweist. Die erste Etappe führt von der Lahnquelle in angenehmer Schussfahrt im engen Lahntal hinab nach Feudingen. Wo der nach dem einstigen Lachsreichtum benannte Fluss Laasphe (›Lachsfluss‹) ins waldreiche Lahntal mündet, liegt im Wittgensteiner Bergland das Kneippheilbad Bad Laasphe, die erste Stadt im Lahntal. Wenig später wechselt der Radweg ins hessische Lahntal, wo der Luftkurort Biedenkopf am Fuß der 674 m hohen Sackpfeife den obersten Vorposten und zugleich das Zentrum des Hessischen Hinterlandes bildet. Nach etwa 30 km vollzieht der Fluss einen scharfen Südknick und erreicht als kulturellen Höhepunkt die Universitätsstadt

LINKS In diesem Wirtshaus von 1697 in Lahnstein hat einst Goethe übernachtet.

RECHTS Die Spielbank in Bad Ems soll bereits im 18. Jh. in Betrieb gewesen sein und gilt als eine der ältesten in Deutschland.

FRAU WIRTIN ...
Das durch das Volkslied und die bisweilen derben Spottverse bekannte Wirtshaus an der Lahn soll sich in Dausenau bei Bad Ems befinden.

Lahnquelle	Feudingen	Bad Laasphe	Biedenkopf	Marburg	Gießen	Wetzlar	Weilburg	Limburg	Nassau	Bad Ems	Lahnstein
	9 km	20 km	11 km	37 km	33 km	17 km	25 km	32 km	37 km	8 km	14 km

Marburg. Besonders beeindruckend sind das über der Stadt thronende Marburger Schloss, das historische Rathaus von 1527 und die gotische Elisabethkirche.

IN SÜDLICHER RICHTUNG geht es weiter nach Gießen, der Stadt, in der im 19. Jh. Justus von Liebig, der Begründer der organischen Chemie und Erfinder des Fleischextrakts, gewirkt hat. Ihm ist ein Museum gewidmet. Im Gießener Becken schwingt die Lahn westwärts und erreicht die Fachwerkstadt Wetzlar, in der Goethe 1772 einige Monate als Rechtsanwalt tätig war und für die verheiratete Lotte Kestner schwärmte, das Vorbild der Lotte-Gestalt in seinem »Werther«-Roman.

NACH DEM WECHSEL von Hessen nach Rheinland-Pfalz grüßt in Limburg der siebentürmige Dom in markanter Felshochlage über der Lahn neben der erzbischöflichen Burg. Die Schlussetappe von Limburg durch den Naturpark Nassau bildet den krönenden Abschluss des Lahn-Radwegs. Die Altstadt von Diez besticht durch malerische Straßenbilder mit Fachwerkhäusern, überragt vom Grafenschloss Diez auf steilem Felsen. Die Lahnhöhen zwischen dem sonnigen Obernhof, wo Wein angebaut wird, und der Kurstadt Bad Ems sind besonders reich an Aussichtspunkten. Die Stadt Nassau ist die Namensgeberin des sich beidseits der Lahn bis zu ihrer Mündung in den Rhein erstreckenden waldreichen Naturparks, Burg Nassau hoch über der Lahn ist das Wahrzeichen der Stadt. Ein faszinierendes Ortsbild mit Fachwerkhäusern in verwinkelten Gassen hat auch weiter lahnabwärts – kurz hinter Nassau – Dausenau, überragt von der hoch gelegenen Kirche. Bad Ems als nächste Station wird wegen seiner Bäderarchitektur und der Spielbank besucht, in der schon mancher berühmte Gast ein und aus ging. Den Endpunkt des Lahn-Radwegs bildet die Stadt Lahnstein an der Mündung der Lahn in den Rhein.

Bad Ems liegt an der unteren Lahn im Naturpark Nassau. Das ›Emser Bad‹ ist seit dem 14. Jh. als Heilbad bezeugt. Das aus den Quellen gewonnene Emser Salz wird, in Wasser gelöst, bei Katarrhen der Atemwege getrunken oder inhaliert. Die 1720 gegründete Spielbank Bad Ems ist das älteste Spielkasino Deutschlands. Berühmte Kurgäste wie Zar Alexander II. von Russland oder Richard Wagner saßen hier an den Roulettetischen.

LINKS Das Marburger Schloss überragt weithin sichtbar die Universitätsstadt an der Lahn.

RECHTS Das Kurhaus und Kurhotel Bad Ems, hier befindet sich auch die Schiffsanlegestelle.

27

LAND VON WEIN, BIER UND DICHTERN
DER MAIN-RADWEG IN FRANKEN UND HESSEN

Auf der Tour durch das Maintal passiert man Weinberge, Laubwälder und hübsche Städtchen, ehe man nach Mainz kommt, wo Friedrich Barbarossa einst auf einer Insel ein riesiges Pfingstfest mit internationaler Gästeschar ausrichten ließ.

OBEN Groteske Figuren aus dem 11. Jh. an der Außenseite des Mainzer Doms – sie sollen bösen Zauber abwehren.

UNTEN Vor dem Mainzer Dom rüstet man sich für den Weihnachtsmarkt mit weihnachtlichen Lichtern und Dekorationen.

Der Main-Radweg wurde als erster Radfernweg vom ADFC mit der Höchstzahl von fünf Sternen ausgezeichnet: 90 Prozent der Strecke führen durch naturnahe und landschaftlich reizvolle Gebiete und 90 Prozent des Radwegs sind asphaltiert. Der Main hat zwei Quellflüsse: Der Weiße Main entspringt am Ochsenkopf im Fichtelgebirge, der teilweise begradigte Rote Main tritt bei Creußen im äußersten Osten der Fränkischen Schweiz zutage. Bis zum Zusammenfluss mäandrieren die Quellflüsse durch weitgehend naturbelassene Täler, bevor sie sich am Fuß des Schlossbergs von Steinenhausen bei Kulmbach vereinigen. Der Main, längster rechter Nebenfluss des Rheins, fließt in Mäandern nach Bamberg, zur Barockresidenz Würzburg und bahnt sich seinen Weg zwischen Haßbergen und Steigerwald, Spessart und Odenwald nach Frankfurt am Main, ehe er bei Mainz in den Rhein mündet.

STARTPUNKT DES MAIN-RADWEGS ist entweder die Quelle des Weißen oder des Roten Mains. Die Teiltour »Weißer Main« beginnt in Bischofsgrün. Dort entspringt am Ochsenkof, dem Wahrzeichen des Fichtelgebirges, der Weiße Main, dessen Quelle mit 887 m die höchstgelegene Quelle des Mains ist und die deshalb als seine Hauptquelle gilt. Sie wurde 1717 unter Markgraf Friedrich von Bayreuth gefasst und mit dem Zollernwappen gekrönt. Auf der Tour erreicht man nach 20 km Bad Berneck und nach weiteren 32 km Kulmbach, wo sich die beiden Quellflüsse vereinen. Die Teiltour »Roter Main« fängt in Creußen an und erreicht auf dem Weg über Bayreuth nach 58 km ebenfalls Kulmbach.

AB KULMBACH beginnt die Tour, die den Main bis zur Mündung in den Rhein begleitet. Kulmbach zu Füßen der Plassenburg war 1398–1642 markgräfliche Hohenzollern-Residenz und hat eine sehenswerte Altstadt rund um die gotische Petrikirche. Die Plassenburg mit den Arkadengängen an den Seiten des ›Schönen Hofs‹ beherbergt vier Museen: Das Deutsche Zinnfigurenmuseum zeigt die größte Zinnfigurensammlung der Welt. Das Museum Hohenzollern in Franken dokumentiert die markgräfliche und Fürstenzeit. Im Westflügel ist das Landschaftsmuseum Obermain untergebracht und im Armeemuseum »Friedrich der Große« im Nordflügel prunken Waffen, Fahnen und Gemälde des 18. Jahrhunderts.

DIE NÄCHSTE STATION Lichtenfels war im 19. Jh. ein Zentrum der Korbflechterei. Heute werden zwar noch immer Körbe verkauft, doch geflochten werden sie im Ausland. Nach weiteren 44 km erreicht man einen der Höhepunkte der Tour, die alte Kaiser- und Bischofsstadt Bamberg am Main, das auf sieben Hügeln errichtete ›fränkische Rom‹ und ein Mekka der Bierliebhaber. Die Altstadt steht als Weltkulturerbe unter dem Schutz der UNESCO. Das unterfränkische Schweinfurt ist Geburtsort des Dichters und

IN KÜRZE

LAGE Vom Fichtelgebirge westwärts durch Franken und Hessen nach Mainz

LÄNGE 510 km verteilt auf 11 Etappen

START Der Luftkurort Bischofsgrün (678 m) an der Weißmain-Quelle liegt im Naturpark Fichtelgebirge; der Ursprung des Roten Mains befindet sich nahe der Stadt Creußen (442 m) im äußersten Osten des Naturparks Fränkische Schweiz.

ZIEL Mainz (82 m), Hauptstadt des Bundeslandes Rheinland-Pfalz

INFO Tourismusverband Franken e. V. Pretzfelder Str. 15 90461 Nürnberg Tel. 0911 94 15 10 www.mainradweg.com

RASANT INS TAL
Die Sommerrodelbahn bei Bischofsgrün am Ochsenkopf ist ein Spaß für Jung und Alt. Hoch kommt man mit der Seilbahn.

Die Highlights des Frankfurter Museumsufers sind das Städel (Städelsches Kunstinstitut und Städtische Galerie) das Liebighaus (Skulpturensammlung), das Deutsche Filmmuseum, das Deutsche Architekturmuseum, das Museum für Kommunikation, das Museum für Angewandte Kunst, das Museum der Weltkulturen und das Frankfurter Ikonenmuseum sowie das Museum Giersch für Kunst der Region.

Übersetzers Friedrich Rückert (1788–1866), der als Begründer der deutschen Orientalistik gilt. Unter anderen hat er Teile des Koran übersetzt. Ein Spaziergang über den Marktplatz (dort befindet sich auch das Geburtshaus Rückerts) mit dem Renaissance-Rathaus und durch die Altstadt ist zu empfehlen. Ein Industriedenkmal besonderer Art befindet sich ganz in der Nähe des Rathauses und ist unübersehbar: der Schrotturm (1611–1614), ein hoher schlanker Turm, in dem einst Schrotkugeln hergestellt wurden. Dabei wurde in der Turmspitze flüssiges Blei durch ein Sieb gegossen, die Kügelchen kühlten beim Herunterfallen ab und wurden am Boden des Turms in einem Wasserbecken aufgefangen.

AM MAIN entlang geht es weiter nach Dettelbach ins fränkische Weinland und schließlich nach Würzburg mit seiner barocken Residenz. Bei Gmünden am Main gelangen wir in den unterfränkischen Landkreis Main-Spessart. Hier ändert der Main auch seine Flussrichtung von Nordwest auf West. In Lohr am Main, 14 km hinter Gmünden, macht der Fluss und mit ihm der Radweg einen Knick nach Süden bis ins liebliche Taubertal, wo er Wertheim, den nördlichsten Ort Baden-Württembergs, erreicht. Die schöne Altstadt und die über der Altstadt thronende Höhenburg lohnen einen Besuch. Wieder zurück in Unterfranken passieren wir Aschaffenburg und bald darauf die unsichtbare Grenze nach Hessen.

DIE HÖHEPUNKTE der Schlussetappe bilden Frankfurt am Main, die Rheingau-Weinberge und die Maaraue an der Mainmündung sowie die Domstadt Mainz. Das Frankfurter Museumsufer umfasst 13 Museen am Schaumainkai auf der Sachsenhäuser Seite des Mains. Das Goethe-Haus im Westen der Altstadt ist das Geburtshaus des bekanntesten deutschen Dichters.

DIE KOSTHEIMER MAARAUE ist die Insel an der Mündung des Mains mit Blick über den Rhein hinweg auf die Altstadt von Mainz. Der Staufer-Kaiser Friedrich Barbarossa (1123–1190) veranstaltete hier 1184 ein Pfingstfest, zu dem mehrere 10 000 Besucher aus ganz Europa anreisten. Heute erweist sich die vom großen Mündungsarm des Mains, dem Rhein und einem schmaleren Main-Mündungsarm umflossene Insel als eine Oase mit Spazierwegen, Grillstelle, Campingplatz und Sportplätzen und das Schwimmbad Maaraue lädt zur Abkühlung ein. In Mainz angekommen, haben wir dann das Ende der Tour erreicht.

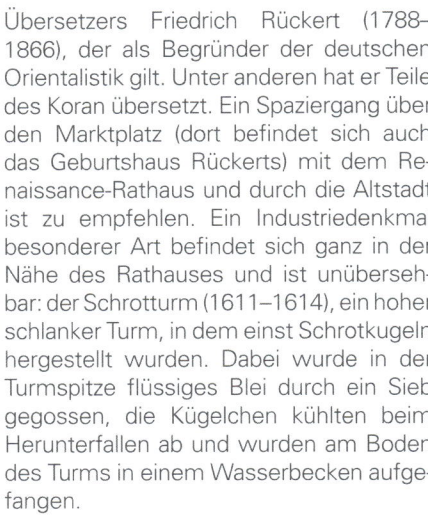

VIERZEHNHEILIGEN In Bad Staffelstein, wenige Kilometer südlich von Lichtenfels, erreicht der Main-Radweg das Zentrum des ›Gottesgartens‹, so wird die Region am Obermain mit dem Staffelberg, dem Kloster Banz und der Wallfahrtsbasilika Vierzehnheiligen bezeichnet. Letztere ist ein Hauptwerk des deutschen Sakralbaus am Übergang vom Spätbarock zum Rokoko. Der Altar mit der Darstellung des Jesuskindes inmitten der 14 Nothelfer steht angeblich an jener Stelle, an der 1445/46 die Nothelfer einem Schäfer dreimal erschienen sind. Die Kirche ist Wallfahrtsziel.

Bischofsgrün — 52 km — Kulmbach — 24 km — Lichtenfels — 44 km — Bamberg — 59 km — Schweinfurt — 50 km — Dettelbach — 45 km — Würzburg — 43 km — Gmünden am Main — 56 km — Wertheim — 77 km — Aschaffenburg — 53 km — Frankfurt — 38 km — Mainz

OBEN LINKS Ein Detail des 1611 errichteten Gerechtigkeitsbrunnens auf dem Römerberg in Frankfurt.

OBEN RECHTS Auf einem Berggrat zwischen Main- und Taubertal thront die Burg Wertheim, die die fränkischen Grafen von Wertheim im 12. Jh. errichten ließen.

MITTE Das Alte Rathaus von Bamberg wurde mitten in die Regnitz gebaut – angeblich, weil der Bischof einst den Bürgern nichts von seinem Grund und Boden überlassen wollte.

BAROCKER PRACHTBAU WÜRZBURGER RESIDENZ
Die 1720–44 erbaute Residenz in Würzburg gehört zu den bedeutendsten Schlössern Europas und steht als Weltkulturerbe unter dem Schutz der UNESCO. Architekten der ehemaligen fürstbischöflichen Residenz waren Balthasar Neumann, Maximilian von Welsch und Johann Lucas von Hildebrandt. Zu den Prunkstücken gehört das Treppenhaus mit Deckengemälde von Giovanni Battista Tiepolo.

28

WEISSE FELSENWELTEN
DER ALTMÜHLTAL-RADWEG IN BAYERN

Die Altmühl durchfließt zwischen dem Thermalbad Treuchtlingen und der Mündung in die Donau ein Durchbruchstal mit leuchtend hellen Kalkfelsen, alten Wacholderheiden, malerischen Ortschaften und trutzigen Burgen.

Der Altmühltal-Radweg besteht aus zwei im Ursprung verschiedenen Radwegen, die sich auch landschaftlich deutlich unterscheiden: Der obere Teil beginnt in Rothenburg ob der Tauber und führt durch den Naturpark Frankenhöhe bis Treuchtlingen, der untere Teil, ein nahezu steigungsfreier Radweg durch die weißen Felsenwelten des Durchbruchstals, beginnt in Treuchtlingen.

DER OBERE, HÜGELIGERE Teil des Altmühltal-Radwegs windet sich von Rothenburg ob der Tauber hinauf ins waldreiche Quellgebiet der Altmühl im Naturpark Frankenhöhe. Hier trifft er am Hornauer Weiher, den das Königreich Bayern im Jahr 1904 als Quellteich der Altmühl festlegte, erstmals auf die noch kleine Altmühl. Er folgt ihr durch Wiesenfluren zur Burg Colmberg und erreicht hinter Herrieden den Altmühlsee im Fränkischen Seenland. Der Altmühlsee ist ein Dorado für Wassersport wie Segeln und Surfen und ein wichtiges Vogelschutzgebiet, in dem sogar Seeadler heimisch sind. Besonders auf der lagunenartigen Vogelinsel legen viele Zugvögel Rast ein. Der 220 ha große Flachwassersee bildet zusammen mit dem Brombachsee und dem Rothsee den Kern des Fränkischen Seenlandes, das ab 1974 im Rahmen des größten wasserwirtschaftlichen Bauvorhabens in der Geschichte Bayerns entstanden ist: Altmühl- und Donauwasser wurden damals in das vergleichsweise wasserarme Regnitz-Main-Gebiet umgeleitet.

GUNZENHAUSEN an der Südspitze des Altmühlsees bildet sodann die nächste Station auf der Tour. Im Osten der Stadt, im Burgstallwall, kann man Reste des römischen Limes sehen mit einem rekonstruierten Palisadenzaun und einem Wachtturm.

ZWISCHEN TREUCHTLINGEN und Kelheim schlängelt sich die Altmühl durch ein felsenreiches Tal mit einer Vielzahl malerischer Ortschaften. Am Dietfurter Weitstein hinter Treuchtlingen beginnt dieser Abschnitt. Felsformationen wie die Zwölf Apostel oder der Breitenfurter Burgsteinfelsen überragen hübsche Orte und wacholderbedeckte Berghänge an den Schleifen des Flusses, auf dem im Sommer Boote gleiten.

PAPPENHEIM auf einer von der Altmühl umflossenen Hügelzunge ist die ehemalige Residenz der Reichsgrafen von Pappenheim. Die Stadt prägen die mittelalterliche Burgruine mit dem Bergfried, das von Leo von Klenze errichtete klassizistische Neue Schloss und die ab dem 9. Jh. erbaute St.-Gallus-Kirche. Der berühmteste Spross der Stadt war der verwegene Reitergeneral Gottfried Heinrich Graf zu Pappenheim (1594–1632), der im Treuchtlinger Stadtschloss das Licht der Welt erblickte. Er führte mit seinen ›Pappenheimern‹ auf der Seite des Habsburger-Kaisers Ferdinand II. das bekannteste Kavallerie-Regiment des Dreißigjährigen Krieges an. Seine auch in Friedrich Schillers Tragödie »Wallenstein« aufgenommene Äuße-

DURCHS DIESE PRÄCHTIGE LINDENALLEE führt der Altmühltalradweg bei Pappenheim.

IN KÜRZE

LAGE Durch die Naturparks Frankenhöhe und Altmühltal in Bayern

LÄNGE 152 km bei Start in Treuchtlingen, 253 km bei Start in Rothenburg ob der Tauber

START Treuchtlingen (411 m), Thermalbad im mittelfränkischen Landkreis Weißenburg-Gunzenhausen; alternativ Rothenburg ob der Tauber (430 m), Fachwerkstadt im mittelfränkischen Landkreis Ansbach

ZIEL Kelheim (354 m), Kreisstadt in Niederbayern an der Mündung der Altmühl in die Donau

INFO Infozentrum Naturpark Altmühltal Notre Dame 1
85072 Eichstätt
Tel. 08421 9 87 60
www.naturpark-altmuehltal.de

LITERATUR Radwanderführer Altmühltal-Radweg von Rothenburg ob der Tauber nach Kelheim, KOMPASS Verlag 2018

SPORT EXTRA
Golfer vergnügen sich auf dem Altmühltal-Golfplatz in Beilngries, während der Rest der Familie im benachbarten Kratzmühlsee planscht.

Der Archäopteryx, von dem man im Altmühltal seit 1860 diverse versteinerte Exemplare fand, lebte vor 150 Millionen Jahren. Das krähengroße Tier war der erste als Fossil gefundene Dinosaurier mit Federn. Anders als heutige Vögel hatte der Archaeopterix keinen Hornschnabel, aber Zähne. Er ist eine Übergangsform zwischen Reptilien und Vögeln. In der Evolutionsforschung gilt er als Beweis für die Abstammungslehre.

rung »Daran erkenn ich meine Pappenheimer« bezog sich auf die Tapferkeit und Tollkühnheit seiner Männer – heute hat der Spruch einen eher ironisch-abwertenden Beiklang.

DIE NÄCHSTE STATION auf der Tour, auf bequemen Radwegen erreichbar, ist Solnhofen, das weltweit durch spektakuläre Fossilienfunde bekannt geworden ist. Die Zwölf Apostel im Prallhang unterhalb von Solnhofen sind ein Wahrzeichen des Altmühltals, das bayerische Umweltministerium führt sie in der Gütesiegelliste der ›schönsten Geotope Bayerns‹. Die isoliert aufragenden Türme aus zerklüftetem Kalkgestein sind die Reste eines Riffgürtels, der vor rund 150 Millionen Jahren im tropisch warmen Jurameer entstand; die Erosion hat sie aus dem weicheren Kalkgestein der Umgebung als frei stehende Felsen herausgefräst.

IN EICHSTÄTT dokumentiert das Jura-Museum auf der Willibaldsburg, der ehemaligen Residenz der Eichstätter Fürstbischöfe, 150 Millionen Jahre Erdgeschichte im Altmühltal in der südlichen Fränkischen Alb. Den Schwerpunkt der Ausstellung bilden interessante Fossilien aus den Solnhofener Plattenkalken, darunter als besondere Kostbarkeit ein Exemplar des ›Urvogels‹ Archäopteryx. In der Gruftkapelle der barocken Klosterkirche Sankt Walburg in Eichstätt hat die Bistumspatronin und Namensgeberin der Walpurgisnacht, St. Walburga, ihre letzte Ruhestätte gefunden. Die wasserähnlichen Tropfen, die an der Steinplatte ihres Grabes austreten, werden als »Walburgisöl« in Flakons gefüllt, gelten als heilkräftig und sollen vor Hexen schützen. Der Spruch »Walburga hat geholfen« ist auf unzähligen Votivtafeln zu lesen.

VON EICHSTÄTT folgt der Altmühltal-Radweg der Trasse der ehemaligen Altmühlbahn zwischen hoch aufragenden Felsen in den Marktort Kipfenberg am geografischen Mittelpunkt Bayerns und in den Marktort Kinding mit seiner berühmten Kirchenburg. Zwischen den imposanten Jurafelsen des Altmühltals gibt der Main-Donau-Kanal die weitere Route vor zur Mündung in die Donau. Der Kanal war eigentlich als Großschifffahrtsweg konzipiert, doch zumindest im Sommer wird er überwiegend von Ausflugsschiffen befahren. Wegen der vielen barocken Ortsbilder ist die Strecke ab Beilngries zusätzlich als »Tour de Baroque« ausgeschildert. Südwestlich von Regensburg erreichen wir in Kelheim den Zielort der Radtour. ■

BEFREIUNGSHALLE IN KELHEIM Dieses Monumentaldenkmal erinnert an die Befreiungskriege gegen die napoleonischen Invasionsarmeen. Errichtet nach Plänen Friedrich von Gärtners und Leo von Klenzes, wurde sie am 18. Oktober 1863 – dem 50. Jahrestag der Völkerschlacht bei Leipzig – in Anwesenheit des 1848 zurückgetretenen Königs Ludwig I. eröffnet. Die Halle thront auf einem spornartigen Ausläufer des Michelsbergs über der Mündung der Altmühl in die Donau. Der Ausblick vom oberen Rundgang unterstreicht die strategische Bedeutung des Michelsbergs – wer diesen Berg kontrollierte, kontrollierte das Altmühl- und das Donautal.

Rothenburg – 31 km – Colmberg – 18 km – Herrieden – 30 km – Gunzenhausen – 25 km – Treuchtlingen – 7 km – Pappenheim – 7 km – Solnhofen – 29 km – Eichstätt – 27 km – Kipfenberg – 30 km – Dietfurt – 34 km – Kelheim

RECHTS Das Handwerk der Zinngießerei hat in Eichstätt eine lange Tradition. Noch immer werden nach alten Vorlagen beispielsweise kunstvolle massive Zinndeckel für steinerne Bierkrüge angefertigt.

OBEN Das Naturschutzgebiet Vogelinsel im Altmühlsee bei Gunzenhausen.

RECHTS Deckenfresko in Eichstätts Residenz. Vor dem Umzug in die Willibaldsburg hielten die Fürstbischöfe hier Hof.

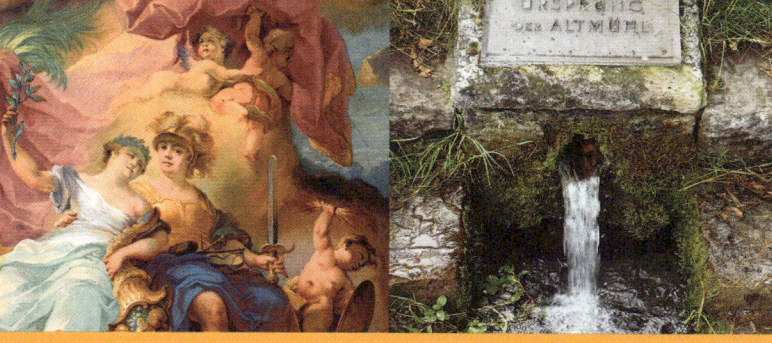

LINKS So bescheiden fängt mancher Fluss an: Die Altmühlquelle in Hornau, einem Ortsteil von Windelsbach in Mittelfranken.

GANZ UNTEN Der Radweg führt an Schloss Prunn vorbei; bis Kelheim sind es noch 13 km.

FÜRSTBISCHÖFLICHE RESIDENZ DIE WILLIBALDSBURG IN EICHSTÄTT

Ab 1355 residierten die Fürstbischöfe von Eichstätt in der Willibaldsburg und ließen die mittelalterliche Burg im Lauf der Jahrhunderte stetig erweitern. Elias Holl baute sie um 1600 zum repräsentativen Schloss in Formen zwischen Renaissance und Frühbarock um. Etwa gleichzeitig ließ Bischof Johann Konrad von Gemmingen den »Hortus Eystettensis« anlegen, einen botanischen Garten auf der Schmiede-Bastion. Seit 1998 ist dieser Bastionsgarten wieder eröffnet. »Hortus Eystettensis« ist zugleich der Kurztitel für ein illustriertes botanisches Prachtwerk, das auf Veranlassung des damaligen Fürstbischofs 1613 erstmals erschienen ist. Die Burg beherbergt heute das Jura-Museum.

29

AN DER SCHÖNEN BLAUEN DONAU
DER DEUTSCHE DONAU-RADWEG

Zu den vielen Höhepunkten dieser Tour von der Quelle bis Passau gehören das Durchbruchstal in der Schwäbischen Alb, die Weltenburger Enge bei Kelheim und am nördlichsten Punkt der Donau die Altstadt von Regensburg.

Von der Quelle in Donaueschingen folgt der deutsche Donau-Radweg Europas zweitlängstem Strom (nach der Wolga) bis zur österreichischen Grenze unterhalb Passaus. Die Strecke ist ein Klassiker unter den Radfernwegen in Deutschland, entsprechend gut ist die Infrastruktur sowie die Anbindung an das Netz der Deutschen Bahn. Letztere ermöglicht das Durchfahren des Donau-Radwegs auch in familienfreundlichen Einzeletappen mit Rückkehr zum Ausgangspunkt.

DIE DONAUQUELLE im Park vor dem Fürstlich Fürstenbergischen Schloss in Donaueschingen ist die meistbesuchte Quelle Europas. In der durch ein rundes Becken gefassten Karst-Aufstoß-Quelle treten in der Sekunde 50 bis 150 Liter Wasser zutage. Dieser ›Donaubach‹ ergießt sich nach wenigen hundert Metern in die Brigach, die den Schlosspark durchfließt und sich dann mit der Breg zur Donau vereinigt: »Brigach und Breg bringen die Donau zuweg'«, so der alte Schüler-Merkvers. Die Quelle des Donaubachs wird seit dem 13. Jh. als Donauquelle betrachtet, zusammen mit 15 weiteren Quellen im Park ergibt sie eine Schüttung von bis zu 900 Liter pro Sekunde. Als die Fürstenberger 1723 ihre Residenz von Stühlingen nach Donaueschingen verlegten, begann mit dem Bau der neuen Stadt und des Residenzschlosses auch die Trockenlegung der Moore längs der Brigach und des Donaubachs, 1750–1816 hat man den Schlosspark angelegt. 1875 wurde die Donauquelle nach Plänen von Adolf Weinbrenner architektonisch gestaltet. Die allegorische Skulptur über der Quelleinfassung (1896) stammt von Adolf Heer. An der Mündung des Donaubachs in die Brigach befindet sich der marmorne Donautempel, der 1910 in antikisierendem Stil von Franz Schwechten im Auftrag von Wilhelm II. errichtet wurde.

VON DER DONAUQUELLE auf der Baar, der Hochebene zwischen Schwarzwald und Schwäbischer Alb, führt der Radweg zur nahen Schwäbischen Alb in das Durchbruchstal im Weißjurakalk der Alb – einer der Höhepunkte der Radtour. Herausragender Abschnitt ist der straßen- und eisenbahnfreie Canyon zwischen der Donauversickerung bei Immendingen (etwa 25 km vor Tuttlingen) und dem Kloster Beuron im gleichnamigen Ort auf etwa halber Strecke zwischen Tuttlingen und Sigmaringen. Dieser ›Schwäbische Grand Canyon‹, neben dem bizarr verwitterte Felswände bis zu 200 m hoch aufragen, ist das Herzstück des Naturparks Obere Donau. Das Hohenzollernschloss Sigmaringen steht auf dem östlichsten Felsen dieses wildromantischen Tals, in dessen Klippen Wanderfalken horsten und in dessen Flanken Steppenheidewälder und Wacholderwiesen blühen.

DIE DONAU TAUCHT AB – bei Immendingen und Fridingen ist das Flussbett an rund 150 Tagen im Jahr ganz oder nahezu trocken. Die vom Schwarzwald herabfließende Donau versickert hier im Sommer und im Herbst im Karst der Südwestalb

DIE DONAUQUELLE in Donaueschingen wurde 1875 architektonisch eingefasst und ist seither beliebtes Touristenziel. Die allegorische Frauenfigur ›Mutter Baar‹ – das ist der Name der Hochebene – weist ihrer noch jungen Tochter Donau den Weg zum Schwarzen Meer.

IN KÜRZE

LAGE Von Donaueschingen stromabwärts durch die Schwäbische Alb, dann am äußersten Rand des Alpenvorlandes und am Fuß des Bayerischen Waldes nach Passau

LÄNGE 630 km verteilt auf 10 Etappen

START Donaueschingen (686 m), Schwarzwald-Baar-Kreis, Baden-Württemberg

ZIEL Passau (290 m), kreisfreie Stadt in Niederbayern

INFO Arbeitsgemeinschaft Deutsche Donau
Neue Str. 45
89073 Ulm
Tel. 0731 161 28 14
www.deutsche-donau.de

LITERATUR Radwanderführer Erlebnis Donauradweg. Von Donaueschingen nach Passau, KOMPASS Verlag 2020

QUELLENSTREIT
Ob der eigentliche Quellfluss eher die bei Furtwangen entspringende Breg ist und nicht der Donaubach in Donaueschingen, ist bis heute strittig.

Ulm und die Donau sind untrennbar verbunden mit einem in seiner Zeit verspotteten Technikpionier. Der Ulmer Schneider Albrecht Berblinger stürzte am 31. Mai 1811 bei einem Flugversuch mit einem halb starren Hängegleiter in die Donau. Unter dem Gelächter der Zuschauer zogen ihn Fischer aus dem Fluss. Einst verlacht, wurde der Schneider von Ulm im 20. Jh. als Technikpionier gefeiert, der seiner Zeit weit voraus war. Ein Nachbau seiner Konstruktion von 1986 erwies sich als flugfähig.

in Schlucklöchern, unterquert in unterirdischen Höhlensystemen die europäische Hauptwasserscheide, tritt 12 bis 19 km weiter südlich im Aachtopf, Deutschlands größter Quelle, als Radolfzeller Aach wieder zutage und mündet nach 32 km bei Radolfzell in den Bodensee. Diese ›Schwarzwald-Donau‹ fließt vom Bodensee durch den Rhein der Nordsee zu – nicht dem Schwarzen Meer. Die Hauptquellflüsse der ›Alb-Donau‹, die weiter nach Regensburg, Wien, Budapest und bis ins Schwarze Meer fließt, sind dann nicht Brigach und Breg, sondern Krähenbach und Elta: Aus Nebenbächen werden Hauptquellbäche des Stroms.

UNTERHALB VON SIGMARINGEN weitet sich das Donautal und der Fluss bildet die Trennungslinie zwischen dem Alpenvorland im Süden sowie der Fränkischen Alb und dem Bayerischen Wald im Norden. Aus dem Alpenvorland strömen ihm im weiteren Verlauf Iller (Mündung in Ulm), Lech (Mündung bei Donauwörth), Isar (Mündung bei Deggendorf) und Inn (Mündung in Passau) zu. Dieser gesamte Abschnitt ist landschaftlich relativ ruhig: Auch der von Dämmen gebändigte Strom strömt an diesem Streckenabschnitt gemächlich dahin.

NACH ETWA EINEM DRITTEL der Gesamtstrecke erreicht man die Universitätsstadt Ulm. Unbedingt sehenswert ist dort das spätgotische Münster, die größte deutsche Pfarrkirche und nach dem Kölner Dom der größte Sakralbau in Deutschland. Der 161,50 m hohe Westturm ist sogar der höchste Kirchturm der Erde (Aufstieg ist gegen eine moderate Gebühr möglich). Außerdem sollte man sich die schönen Fachwerkhäuser im alten Gerber- und Fischerviertel nicht entgehen lassen. Besonders markant ist dort das »Schiefe Haus« in der Schwörhausgasse, in dem heute ein Hotel untergebracht ist, und ganz in der Nähe davon die Ulmer Münz. Ulm ist im Übrigen die Geburtsstadt Albert Einsteins, der dort am 14. März 1879 zur Welt kam. Von Ulm aus geht es nahezu ohne Steigungen weiter bis nach Donauwörth und von dort in Richtung Kelheim. Die Donau führt hier schon sehr viel Wasser, der Radweg nutzt streckenweise dort den Hochwasserdamm.

EIN WEITERES HIGHLIGHT erwartet den Radwanderer nun zwischen dem Kloster Weltenburg und Kelheim: die Weltenburger Enge. Bis zu 40 m hohe Weißjurafelsen engen die Donau auf eine Breite von 110 m ein. Auf einer Landzunge oberhalb der Donau thront das Benediktinerkloster Weltenburg, eines der Urklöster Bayerns. Die von den Asam-Brüdern 1716–1736 errichtete und ausgestaltete Klosterkirche zählt zu den bedeutenden Werken des Spätbarock. Das Kloster liegt in einer Kulturlandschaft, deren Spuren bis in die Jungsteinzeit zurückreichen. Den Ursprung des Klosters bildete eine Marienkirche, die um 700 auf dem Frauenberg

KLOSTER BEURON Die Benediktiner-Erzabtei Sankt Martin in Beuron an einer Flussschleife zu Füßen der Weißjurafelsen im Durchbruchstal der Donau genießt als Wallfahrtsort, Bildungsinstitut und Verlagshaus internationalen Ruf. Das denkmalgeschützte Ensemble umfasst Bauten überwiegend im Stil des Barock, die Bibliothek zählt 405 000 Bände. Pilger verehren in der Gnadenkapelle eine gotische Lindenholz-Pietà; die durch die Wallfahrtskirche erreichbare Kapelle wurde 1898–1901 im Stil der Beuroner Kunstschule gestaltet. Besonders berühmt sind die üppigen barocken Deckengestaltungen mit ihren aufwendigen Fresken (im Bild links).

STADT DER REKORDE
UNIVERSITÄTSSTADT ULM

Nicht nur, dass Ulm über den höchsten Kirchturm der Welt (161,5 m) verfügt – im Bild rechts sind zwei Wasserspeier an einem Strebepfeiler des Münsters zu sehen –, Ulm wird auch mit dem schiefsten Hotel der Welt (links im Bild) im »Guinness Buch der Rekorde« geführt. Das spätgotische Haus in der Schwörhausgasse ist komplett saniert und bietet modernen Hotelkomfort in origineller Umgebung: Die Böden weisen eine Neigung von bis zu 40 cm auf, die Betten sind jedoch waagerecht ausgerichtet.

OBEN Die Donau an der Weltenburger Enge – typisch sind die bis zu 40 m hohen Weißjurafelsen. Das Areal ist auch bei Wassersportlern sehr beliebt und es gibt sogar einen Badestrand.

LINKS Das mächtige Hohenzollernschloss bei Sigmaringen erstrahlt hier im warmen Herbstlicht, umrahmt vom herbstlichen Farbenspiel.

HOCHWASSER ...

... gehört in Passau immer wieder zum Alltag. Der historisch höchste Pegelstand von 12,20 m wurde am 15. August 1501 verzeichnet.

ABENDSTIMMUNG IN REGENSBURG am Donau-Ufer – links im Bild ist die Steinerne Brücke zu sehen und am gegenüberliegenden Ufer der Doppelturm des Regensburger Doms St. Peter.

an der Stelle einer römischen Kultstätte errichtet wurde; der Nachfolgebau ist die ab ca. 1350 errichtete heutige Wallfahrtskirche. Das Kloster wurde während der Napoleonischen Kriege 1803 säkularisiert. König Ludwig I. von Bayern erkannte und würdigte die Einzigartigkeit dieses Gesamtkunstwerks aus Architektur und Stätten des Gebets, aus Fluss- und Felslandschaft, und stellte es 1840 unter Schutz. Unter ihm wurde das Kloster 1842 als ein Priorat der Benediktiner wiedererrichtet. Das Klosterleben prägt bis heute diesen einzigartigen Ort und dazu gehören auch Speis und Trank: Geradezu legendär ist der Ruf der Klosterschenke, die 1877 mit einer ›Schlachtpartie‹ als Ausflugsrestaurant eröffnet wurde. Der schattige Biergarten im Klosterhof schlägt die harmonische Brücke zwischen sinnlichem Genuss und klösterlicher Kontemplation.

IN REGENSBURG erreicht die Donau ihren nördlichsten Punkt. Die mittelalterlich geprägte Altstadt mit Kirchen, Patrizierhäusern und rund 40 Geschlechtertürmen zählt zu den Glanzleistungen der Städtebaukunst nördlich der Alpen. Bis zum Bogenberg bei Bogen folgt der Donau-Radweg von Regensburg aus bequem den Ausläufern des Vorderen Waldes. Donaustauf kurz hinter Regensburg liegt an einem alten Donauübergang am Fuß der Westausläufer des Bayerischen Waldes. Der Marktort ist Teil einer im 19. Jh. errichteten Denkmallandschaft, deren berühmtester Bau die klassizistische Tempelanlage der Walhalla ist. 1842 wurde die Walhalla bei einer Festinszenierung als nationale Ruhmeshalle eröffnet, Marmorbüsten repräsentieren bedeutende Persönlichkeiten der deutschen Geschichte.

DIE ALTSTADT von Deggendorf liegt gegenüber der Mündung der Isar. Mit den mittelalterlichen Stadtmauern, dem Straßenmarkt, dem Wehrgang und dem Rathaus mit historischem Festsaal (1535) weist sie eines der schönsten Altstadtbilder am Donau-Radweg auf. Bei Vilshofen – etwa 32 km hinter Deggendorf – schneidet die Donau erstmals wieder in das Grundgebirge ein und erreicht schließlich Passau, das Ziel der Radtour. Das Stadtbild Passaus wird von den Flüssen Donau, Inn und Ilz in vier Teile gegliedert. Prägende Komplexe sind die Veste Oberhaus und Veste Niederhaus auf dem Felsrücken zwischen Ilz und Donau sowie über dem rechten Ufer des Inn die malerisch gestaffelte Barockanlage der Wallfahrtskirche Mariahilf. Ein Hinweis für Unermüdliche: Hinter Passau folgt der Radweg der Donau bis zur Mündung ins Schwarze Meer. ■

Der Bogenberg mit der inmitten einer bronzezeitlichen Umwallung stehenden gotischen Marienwallfahrtskirche ist Niederbayerns ›heiliger Berg‹. Wie ein Härtling ragt er oberhalb der Stadt Bogen zwischen den hügeligen Südausläufern des Bayerischen Waldes und der flachen Gäubodenlandschaft des Dungaus 118 m aus dem Donautal und bietet Sicht bis zu den Alpen, nach Österreich und bis zu den Höhen des Bayerischen Waldes.

GRÖSSTE DOMORGEL DER WELT In Passau erstreckt sich die sogenannte Kernstadt auf der von Donau und Inn umspülten, lanzettförmigen Landzunge. Auf dem höchsten Punkt dieses hochwassersicheren Gneisrückens erhebt sich die von einer Verbindung aus Gotik und Barock akzentuierte monumentale Domkirche Sankt Stephan mit einer der größten Kirchenorgeln der Welt (Schmuckdetail im Bild rechts). Sie verfügt über 233 Register und 17974 Pfeifen.

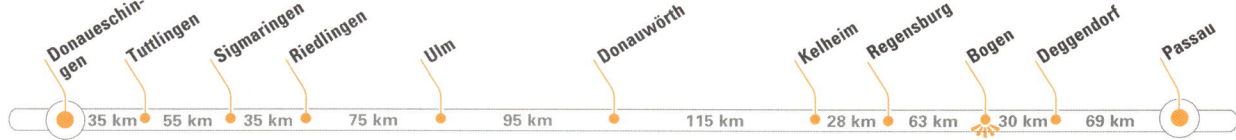

30

SEEN- UND SCHLÖSSERTOUR
DER BODENSEE-KÖNIGSSEE-RADWEG IN BAYERN

Einmal auf und ab durchs bayerische Alpenvorland: von Lindau am Bodensee durch Füssen, die höchstgelegene Stadt des Freistaats, vorbei an den Königsschlössern Hohenschwangau und Neuschwanstein zum smaragdgrünen Königssee.

Von Lindau führt der Bodensee-Königssee-Radweg durch das hügelige bis bergige Alpenvorland zum Königssee im Herzen des Nationalparks Berchtesgaden, wobei auf 410 km insgesamt über 3400 Höhenmeter im Anstieg zu bewältigen sind. Der erste See ist der Große Alpsee bei Immenstadt im Allgäu, es folgen Hopfen-, Forggen- und Bannwaldsee sowie der Alpsee bei Schloss Neuschwanstein, ehe der Radweg ins Ammergebirge wechselt und den Kochelsee erreicht. An Tegernsee und Schliersee vorbei geht es weiter nach Bad Reichenhall und in den Nationalpark Berchtesgaden mit dem Königssee zu Füßen des Watzmanns.

AUF DEM ERSTEN Teilabschnitt folgt der Bodensee-Königssee-Radweg von Lindau aus den Tälern von Leiblach und Argen aufwärts ins Allgäuer Voralpenland mit verstreut zwischen Wald und Weideland liegenden Höfen, Weilern und Dörfern. Erstes Etappenziel ist der Kurort Oberstaufen (791 m) im Oberallgäu am Aussichtsberg Hochgrat: Wer mit der Seilbahn auf den Hochgrat schwebt, kann auf dem Hausberg von Oberstaufen den Blick zurück auf den Bodensee und zum Säntis schweifen lassen.

NACH DER VORÜBERGEHEND ebenen Fahrt im Tal der Konstanzer Ach mit dem Großen und dem Kleinen Alpsee erwarten die Radler ab Rettenberg (807 m), dem ›südlichsten Brauereidorf Deutschlands‹, die Hügel auf der Nordabdachung des Grüntenmassivs. Hinter Rettenberg geht es dann recht steil den Berg hoch. Bei Oy-Mittelberg wird mit über 1000 m über Normalnull die höchste Stelle des gesamten Bodensee-Königssee-Radwegs passiert. Nach dem Überqueren der Wertach in Maria-Rain erreicht der Radweg den Wintersportort Nesselwang (867 m) am Nordfuß der Alpspitz. Mit Blick auf die Allgäuer Alpen, auf die Zugspitze und die Tannheimer Berge geht es nochmals kräftig bergauf bis auf 950 m und durch Wälder und Felder vorbei an kleinen Dörfern nach Hopfen am Hopfensee, das bereits auf dem Gebiet der Stadt Füssen liegt.

FÜSSEN ist Schwefelbad und Kneippkurort im Königswinkel im Ostallgäu. Die mit 808 m über NN höchstgelegene Stadt Bayerns befindet sich zwischen den Ammergauer, Lechtaler und Tannheimer Alpen und den Hügeln des Voralpenlandes. Bekannt ist Füssen auch als bedeutendes Zentrum des Lauten- und Geigenbaus. Hinter Füssen bilden die Königsschlösser Hohenschwangau und Neuschwanstein zwei sehenswerte Höhepunkte der Tour, ehe es am Bannwaldsee vorbei auf die Nordabdachung des Ammergebirges geht. Dort führt die Königstraße hinüber ins Tal der Ammer und hinunter nach Altenau (859 m). Am Naturschutzgebiet »Altenauer Moor« vorbei geht es nach Bad Kohlgrub (828 m), von dort senkt sich der Radweg am Naturschutzgebiet »Murnauer und Eschenloher Moos« entlang nach Eschenlohe am Einlauf der Loisach von den Alpen ins Hochmoor.

DER BAYERISCHE LÖWE und der Neue Leuchtturm an der Hafeneinfahrt von Lindau spiegeln sich bei Sonnenuntergang im Wasser des Bodensees.

IN KÜRZE

LAGE Von Lindau (Bodensee) durch das Alpenvorland zum Königssee im Nationalpark Berchtesgaden

LÄNGE 410 km verteilt auf 12 Etappen

START Lindau (400 m), Insel- und Hafenstadt und Luftkurort im bayerischen Teil des Bodensees

ZIEL Schönau am Königssee (630 m) im Nationalpark Berchtesgaden

BESONDERHEIT anspruchsvolle Tour mit vielen Steigungen (über 3400 Höhenmeter verteilt auf 6 Etappen)

INFO
BAYERN TOURISMUS
Marketing GmbH
Arabellastr. 17
81925 München
Tel. 089 2 12 39 70
www.bayern.by
www.bodensee-koenigssee-radweg.de

SPORT EXTRA
Das Walderlebniszentrum in Füssen bietet kindgerechte Führungen auf Waldpfaden mit zahlreichen Spiel- und Abenteuerelementen.

Der »Märchenkönig« Ludwig II. von Bayern (1845–1886), der seine Kindheit hauptsächlich im Schloss Hohenschwangau verbrachte, war später ein leidenschaftlicher Bauherr. Unter anderem ließ er die Schlösser Neuschwanstein, Herrenchiemsee und Linderhof errichten. Weil er »seelengestört« gewesen sein soll, wurde er entmündigt – und sein mysteriöser Tod im Starnberger See ist bis heute Anlass vieler Gerüchte.

DIE HIGHLIGHTS des folgenden Abschnitts, der nahezu ohne Steigungen auskommt, sind der Kochelsee, die imposanten Blicke hoch zum Herzogstand und zur Benediktenwand, das Kloster Benediktbeuren sowie schließlich am Etappenziel die Stadt Bad Tölz (658 m) an der Isar mit der sehenswerten Marktstraße: Der eindrucksvolle Straßenzug wartet mit einheitlichen Fachgiebelhäusern aus dem 18. und 19. Jh. auf. Das Kurviertel entstand links der Isar, nachdem man dort im Jahr 1846 jodhaltige Quellen entdeckt hatte.

TEGERNSEE UND SCHLIERSEE werden auf relativ ebenen Feldwegen und Nebenstraßen erreicht, nach dem Tegernsee folgt allerdings wieder ein anstrengender Anstieg auf etwa 900 m. Dann geht es mit Blick zum Wendelstein weiter nach Fischbachau im romantischen Leitzachtal mit der im Kern romanischen ehemaligen Benediktinerpropsteikirche. Am Rand der Wendelstein-Ausläufer rollen dann die Räder durch Wälder und Feldfluren hinab in das Moorheilbad Bad Feilnbach in der Mangfallebene.

NACH ÜBERQUEREN DES INNS führt der Radweg ohne wesentliche Anstiege durch den Chiemgau zwischen Chiemsee und Chiemgauer Alpen mit großartigen Blicken zu Kampenwand, Hochgern und Hochfelln. Der Chiemgau erstreckt sich rund um Bayerns größten See mit dem Prunkschloss Herrenchiemsee auf der Herreninsel sowie Deutschlands ältestem Frauenkloster auf der Fraueninsel. In der von der Eiszeit geprägten Moränenlandschaft ragen mit einem Steilabfall von über 1000 Metern die Chiemgauer Alpen auf, deren Grate und Gipfel der Maximiliansweg verbindet, der Königsweg unter den Wanderwegen in den bayerischen Alpen. Von Siegsdorf aus gibt der Fluss Traun den gemütlichen Schlussspurt nach Traunstein, den Hauptort des Chiemgaus, vor.

IN LEICHTEM AUF UND AB führt der Radweg weiter über die Hochfläche und hinunter nach Teisendorf am Fuß des Teisenbergs (1333 m). Am Ramsaubach entlang passiert die Route ohne größere Steigungen den Höglwörther See. Im Anschluss gelangt man über Anger in den Rupertiwinkel nach Piding an der Saalach und saalachaufwärts nach Bad Reichenhall. Von hier geht es aufwärts nach Bayerisch Gmain und im engen Tal zwischen Hochthron (1972 m) und Predigtstuhl (1688 m) nach Berchtesgaden, von wo aus sich ein traumhafter Blick auf den Watzmann öffnet. Wenig später erreichen wir Schönau und darauf den Ortsteil Königssee – und vor uns liegt der glasklare See, das Ziel unserer Radtour. ■

DER RUPERTIWINKEL Der Rupertiwinkel im äußersten Südosten Bayerns vor der Kulisse der Salzburger, Berchtesgadener und Chiemgauer Alpen ist nach Rupert (†718), dem ›Apostel der Baiern‹, benannt. Hier wird der Brauch des ›Aperschnalzens‹ gepflegt: Wenn am Ende des Winters das Gelände *aper* (schneefrei) wird, lassen die Burschen die ›Schnalzergoaßl‹ knallen, um die Winterdämonen zu vertreiben und die schlummernde Saat zu wecken. Im Bild: das ehemalige Kloster Höglwörth im Rupertiwinkel.

LINKS Ein umgebauter Stadel dient als gemütliches Wochenendhaus in den Berchtesgadener Alpen.

MITTE Ruhig liegt er da, der Schliersee, und lädt im Streckenabschnitt zwischen Bad Tölz und Bad Feilnbach zum Baden ein.

UNTEN RECHTS Im Schloss Hohenschwangau bei Füssen, der Sommerresidenz der bayerischen Könige im 19. Jh., verbrachte ›Märchenkönig‹ Ludwig II. seine Kindheit.

STADT DES SALZES
BAD REICHENHALL

Salzgewinnung und -weiterverarbeitung beherrschen schon seit Jahrhunderten die gesamte Region im Berchtesgadener Land und im angrenzenden österreichischen Salzkammergut. Davon zeugen die Namen vieler Orte. Die Nachsilbe »-hall« kommt z. B. aus dem Mittelhochdeutschen und bedeutet Salz. Die abgebildeten grotesk-stilisierten Figuren flankieren die mittelalterliche Stiftskirche St. Zeno im Ortsteil St. Zeno von Bad Reichenhall.

33 SCHLOSS HERREN-CHIEMSEE auf der Herreninsel im Chiemsee. Im Vordergrund zu sehen: der Latunabrunnen, der einen gleichnamigen Brunnen im Park von Versailles zum Vorbild hat.

NATURSCHAUSPIELE
SPEKTAKULÄRE AUSSICHTSPUNKTE UND PANORAMASTRECKEN

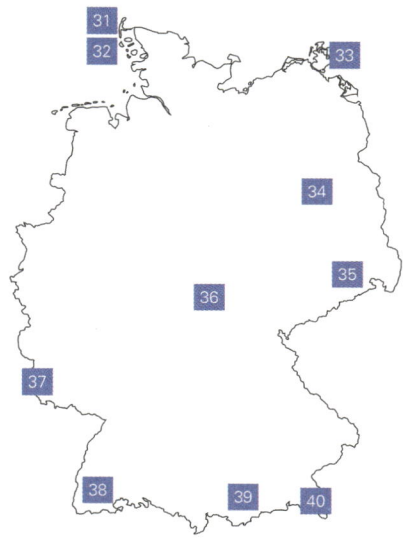

TOUR 31 | SEITE 152 SCHROFF, IMPOSANT UND FRAGIL **ROTES KLIFF AUF SYLT**

TOUR 32 | SEITE 156 MÖWENBLICK AUF INSELN UND HALLIGEN **DER AMRUMER LEUCHTTURM**

TOUR 33 | SEITE 160 KREIDEFELS IN DER BRANDUNG **KÖNIGSSTUHL AUF JASMUND**

TOUR 34 | SEITE 164 PREUSSENS ARKADIEN AUF DEM PFINGSTBERG **DAS BELVEDERE IN POTSDAM**

TOUR 35 | SEITE 166 SANDSTEINPLATEAU MIT PANORAMABLICK **DIE BASTEI IN DER SÄCHSISCHEN SCHWEIZ**

TOUR 36 | SEITE 170 GIPFEL MIT RUNDUMBLICK **DER GROSSE INSELSBERG IN THÜRINGEN**

TOUR 37 | SEITE 174 EINZIGARTIGE FLUSSBIEGUNG **DIE METTLACHER SAARSCHLEIFE IM SAARLAND**

TOUR 38 | SEITE 176 TRAUMHAFTES BERGPANORAMA **DER BELCHEN – KÖNIG DES SCHWARZWALDS**

TOUR 39 | SEITE 180 LIEBLINGSBERG DER KÖNIGE **DER HERZOGSTAND IN OBERBAYERN**

TOUR 40 | SEITE 182 INBEGRIFF DER HOCHROMANTIK **KÖNIGSSEE UND WATZMANN IN BAYERN**

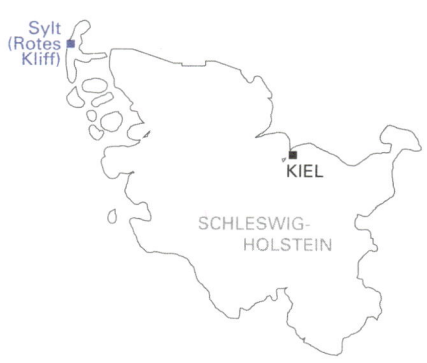

31

SCHROFF, IMPOSANT UND FRAGIL
ROTES KLIFF AUF SYLT

Einst war das steile Kliff für die Seefahrer das untrügliche Zeichen dafür, dass sie sich der Nordseeinsel Sylt nähern. Heute können Touristen von dort aus eines der spektakulärsten Naturereignisse verfolgen: die sogenannte ›Schwarze Sonne‹.

Das Rote Kliff ist das Wahrzeichen von Deutschlands prominentester Insel, und der Kliffweg an der Abbruchkante gilt als spektakulärster Wanderweg an der deutschen Nordseeküste. Die Uwedüne im Heide-Naturschutzgebiet »Dünenlandschaft auf dem Roten Kliff« bildet mit 52 m die höchste Erhebung aller Inseln im UNESCO-Weltnaturerbe Wattenmeer.

DIE SENKRECHT zum Sandstrand abstürzenden Sand- und Geschiebelehm-Wände des Roten Kliffs erheben sich auf einer Länge von gut drei Kilometern zwischen dem Haus Kliffende beim Nordseebad Kampen und dem Kurzentrum des Seebads Wenningstedt. Der rostrote Geschiebelehm, der dem Kliff den Namen gab, erhielt seine Färbung durch die Oxidation eisenhaltiger Bestandteile. Jahrhundertelang diente die markante Steilküste, die durch Sturmfluten und Erosion ständiger Veränderung ausgesetzt ist, der Schifffahrt als Seezeichen. Das Haus Kliffende in der Heide am Nordende des Kliffs wurde Anfang der ›Goldenen Zwanziger Jahre‹ errichtet, von Sylts erster Prominentenwirtin, der Schauspielerin Clara Tiedemann, geführt. Sturmfluten haben dem Kliff derart zugesetzt, dass das Haus mithilfe einer künstlichen Düne gesichert werden musste.

BERÜHMT GEMACHT haben das Rote Kliff auch die beiden Leuchttürme, der Kampener und das Quermarkenfeuer. Den Auftrag für den älteren und höheren (Bauwerkshöhe: 42 m) Kampener Leuchtturm erteilte König Frederik VII. von Dänemark 1853 mit der Vorgabe, ihn auf der höchsten Erhebung des Roten Kliffs zu errichten, daher der historische Name »Leuchtturm Rotes Kliff«. Die höchste Erhebung des Roten Kliffs ist die Uwedüne (52 m), der Leuchtturm wurde weiter östlich auf einem 22 m hohen Ausläufer des Kliffs errichtet. Seine heutige Tageskennung, den weißen Anstrich mit schwarzem Band, erhielt er in den 1950er-Jahren. Der zweite Leuchtturm ist das 11,50 m hohe achteckige Quermarkenfeuer Rotes Kliff in den Dünen nahe dem Haus Kliffende. Dies war der erste Betonturm an Deutschlands Küsten, er trägt jedoch schon seit der Eröffnung 1913 einen dezenten Klinkermantel unterhalb der weißen Laterne. Nachts wird er illuminiert.

DAS RESTAURANT »Sturmhaube« am Ausgangspunkt der Wanderung zum Roten Kliff weicht von der kaiserlichen Vorschrift ab: Anstelle von Klinkern hat der Rundbau eine fast durchgehende Fensterfront, sodass die Gäste die legendäre Aussicht genießen können. Von hier folgt der Weg der Kliffkante oberhalb des Kampener Hauptbadestrandes, zu dem das Kliff senkrecht abfällt. Nach Verlassen der Kliffkante strebt er in einer Heidefläche der Uwedüne zu. 109 Holzstufen führen zur Aussichtsplattform, die ein eindrucksvolles Panorama der Dünenwelt gewährt. Jenseits der Dünen im Süden führen die hohen Bausünden von Westerland den Geschmack der 1960er-Jahre vor Augen.

DIE ROSTROTE FARBE des Roten Kliffs beruht darauf, dass das Gestein einen hohen Anteil an oxidiertem Eisen aufweist.

IN KÜRZE

LAGE
Schleswig-Holstein, Landkreis Nordfriesland, Gemeinde Kampen auf Sylt

HÖHE Uwedüne, 52 m

ZUGANG Parkplatz am Strandrestaurant »Sturmhaube«, Riperstig 1 in Kampen

INFO Tourismus-Service Kampen
Hauptstr. 12
25999 Kampen
Tel. 04651 4 69 80
www.kampen.de
www.sylt.de

SURFEN VOR SYLT
An Sylts Stränden sieht man viele Wind- und Kitesurfer. Anfänger können hier auch Kurse belegen.

Die Leuchttürme am Roten Kliff und am Ellenbogen können leider nicht bestiegen werden. Der einzige Sylter Leuchtturm, der als Aussichtsturm fungiert, ist der Hörnumer, der von 1914 bis 1933 Deutschlands kleinste Schule beherbergte: In luftiger Höhe paukten hier jeweils zwei bis fünf Schüler mit Sylt-Amrum-Föhr-Panorama auf einer Düne im Süden von Deutschlands größter Wattenmeer-Insel.

SYLTS HÖCHSTE ERHEBUNG, die Uwedüne, ist nach dem Keitumer Uwe-Jens Lornsen (1793–1838) benannt, der für ein von Dänemark unabhängiges ›Schleswigholstein‹ kämpfte, 1831 von Agenten des dänischen Königs auf Sylt verhaftet und in Kiel und Rendsburg in den Kerker geworfen wurde. Vom Mittelalter bis zum Deutsch-Dänischen Krieg 1864 gehörte die Insel, die einen Hering (dänisch *sild*, daher der Name Sylt) im Wappen führt, zum Königreich Dänemark, danach zum Königreich Preußen.

VON DER UWEDÜNE führt der Weg zurück zur Kante des Roten Kliffs, wo sich nun geradezu alpine Aussichten auftun. Geländersicherungen gibt es keine, doch der Weg ist so breit, dass ihn auch Wanderer mit Höhenangst begehen können. Hinter einem Strandabstieg verschmälert sich der Weg zum stellenweise sandigen Pfad an der Kliffkante. Am Strandzugang 31 steht auf 100 Douglasienstämmen am Kliffuß das Restaurant »Wonnemeyer am Strand«, hier wechselt erneut der Charakter des Kliffwegs: Nun wird er überwiegend als Lattenweg geführt; er vollzieht zahlreiche Auf- und Abstiege in Stufen, schwingt sich noch einmal steil hinauf mit Blick auf die Strände unten, ehe er an einer Aussichtsplattform über dem Wenningstedter Strand endet.

DAS ROTE KLIFF und der gesamte Norden von Sylt liegen auf Höhe der festländischen Südausläufer des dänischen Wattenmeer-Nationalparks: Von Nord-Sylt fällt der Blick hinüber zur Töndermarsch, dort ist an Herbstabenden das Vogelflugphänomen der ›Schwarzen Sonne‹ (dänisch Sort Sol) zu beobachten, das als eines der großartigsten Naturschauspiele der Erde gilt. Beobachtet man es zum ersten Mal von Sylt aus, ist man irritiert, kann es nicht einordnen, weil man es nicht kennt: Der Abendhimmel ist schwarz von Vogelschwärmen. Am besten ist dieses Phänomen im Spätherbst in der Töndermarsch mit Blick Richtung untergehender Sonne zu beobachten. Die Stare sammeln sich in der küstennahen Marsch, um sich Energiereserven für den Weiterflug anzufressen. Morgens und abends fliegen die Schwärme, die aus 100 000 und mehr Vögeln bestehen können, zum ›Tanz‹ auf: Wie eine gigantische schwarze Wolke schiebt sich der Schwarm vor die untergehende Sonne. Die Schwarze Sonne hat 2010 zur Gründung des dänischen Wattenmeer-Nationalparks geführt. Neben der Schwarzen sind im Winterhalbjahr auch andere ›Sonnen‹ zu beobachten: die ›Weiße Sonne‹ (Hvid Sol) mit großen Schwärmen wilder Schwäne und die ›Graue Sonne‹ (Grå Sol) mit Zehntausenden Wildgänsen. ■

KAISERLICH VERORDNETE REETDÄCHER Das kleine Nordseebad Kampen auf Sylt besticht durch eine Mischung aus Eleganz, Exklusivität und dörflichem Flair sowie durch eine traumhafte Lage zwischen den kilometerlangen Sandstränden am Roten Kliff und den Ausläufern der Braderuper Heide. Im berühmtesten Friesendorf stehen einige der teuersten Villen der Nordseeküste, alle sind reetgedeckt: Dank einer kaiserzeitlichen Verordnung von 1912 mussten alle Häuser in Kampen in Klinkerbauweise mit Reetdach errichtet werden – eine Verordnung, die heute etwas weniger streng gesehen wird, zumindest, was die Fassaden angeht. ›Reet‹ bezeichnet dabei das in meist sumpfigem Gelände und an Ufern wachsende Schilf. Um es für die Dacheindeckung zu verwenden, muss es getrocknet werden. Reetdächer müssen im Übrigen stark geneigt sein und einen Überstand aufweisen, damit Regenwasser nicht an den Hauswänden abfließt – denn Dachrinnen gibt es nicht.

OBEN Spaziergänger genießen die Abendstimmung am Strand vor dem Roten Kliff.

UNTEN Der Leuchtturm List Ost auf der Halbinsel Ellenbogen ist nach List West das zweitnördlichste Leuchtfeuer Deutschlands.

DEUTSCHES NORDKAP ELLBOGENSPITZE

Vom Roten Kliff aus ist im Norden das größte Wanderdünengebiet Deutschlands zu sehen, dahinter erstreckt sich Richtung Rømø die Ellenbogenspitze, Deutschlands Nordkap. Die bei Stürmen oft eingesandete Ellenbogenstraße ist als nördlichste Straße Deutschlands eine Legende. An ihrem Ende nahe Deutschlands nördlichstem Haus führt ein Weg durch die Dünen zum nördlichsten Strand des Landes.

32

MÖWENBLICK AUF INSELN UND HALLIGEN
DER AMRUMER LEUCHTTURM

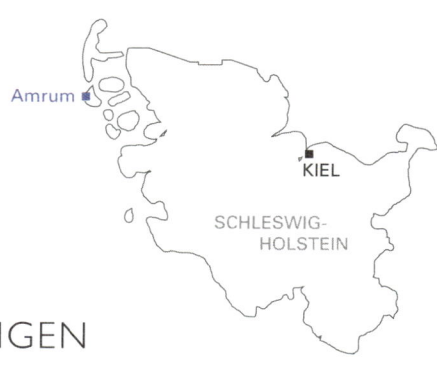

Der weiß-rote Leuchtturm auf Amrum, ›großer Amrumer‹ genannt, ist das weithin sichtbare Wahrzeichen der Insel sowie der höchstgelegene Aussichtspunkt im Nationalpark Schleswig-Holsteinisches Wattenmeer.

Leuchttürme sind als Symbole der Küste ›herausragende‹ Ausflugsziele par excellence, erkennbar auch bei Nacht und Nebel, wenn ihre Strahlenfinger über Meer und Heide huschen und durch die Dünen fahren. Der 1875 erbaute älteste Leuchtturm Nordfrieslands erhebt sich 41,80 m auf einer 25 m hohen Düne, sodass die Feuerhöhe – und die Aussichtsgalerie – bei 63 m über Normalnull liegt.

WER DEN AMRUMER LEUCHTTURM ersteigen will, bezahlt Eintritt, auch für Kleinkinder werden Eltern mit einem Euro zur Kasse gebeten: Der zu Kaisers Zeiten nach höchsten Qualitätsmaßstäben errichtete Turm mit seinem mittlerweile auf 5 Mio. Euro geschätzten Linsenapparat will unterhalten und gepflegt werden. Der Sockel ist 1,74 m hoch und 2 m dick. Die Außenwand besteht aus Vollsteinmauerwerk mit einer Stärke von bis zu 1,72 m. Die 16 Linsen und die fünfdochtige Lampe haben eine derart hohe Qualität, dass sie erst 1993 erneuert werden mussten – 118 Jahre nach Inbetriebnahme des Leuchtturms. Seine heutige Tageskennung, den rot-weißen Anstrich, erhielt er 1953.

DER LEUCHTTURM auf den Dünen ist ein guter Ausgangspunkt zur Erkundung der Amrumer Dünenkette auf dem Geestkern der Insel. Die meisten Dünen wurden erst im Mittelalter aufgeweht: Der Sand begrub Siedlungsplätze und fast die Hälfte der mühevoll eingesäten Getreidefelder. Wie die Sage berichtet, erhoben sich die gewaltigen Sandmassen, nachdem die zum neuen Glauben bekehrten Amrumer unwissentlich einen Wassermann, der tot am Strand gelegen hatte, christlich begraben hatten. Erst als sie ihn wieder ausgruben und dem Meer zurückgaben, beruhigten sich die Sandstürme – doch die Dünen blieben bestehen.

IM JAHR 1696 begann die Befestigung der Dünen mit dem Verbot, Dünenhalme zu schneiden. Dank der im ausgehenden 19. Jh. erfolgten Aufforstung sind auf den Wegen durch die Dünen oftmals Kiefern zu bestaunen, die ein Alter von mehr als 100 erreichen. Auch dies ist eine Besonderheit der Insel Amrum: Hier rauscht es durch die Bäume wie im Schwarzwald oder im Harz.

UM DIE DÜNEN vor Tritterosion zu schützen, wurden von den Inselorten zu den Aussichtsdünen und Stränden Lattenwege angelegt. In die Wälder eingestreut sind zahlreiche Heideflächen, die im Spätsommer in einem violetten Farbtraum wie in der Lüneburger Heide erstrahlen. Viele Dünen sind durch Panoramaplattformen erschlossen, allein zwischen dem Nebeler Strand und dem Seebad Norddorf gibt es fünf Aussichtsdünen, darunter Amrums höchste Düne ›A Siatler‹ (32 m, auf Deutsch ›Setzerdüne‹): Sie bietet einen einmaligen Rundblick über Norddorf und die als Vogelschutzgebiet ausgewiesene Amrumer Odde hinweg auf die Nachbarinsel Sylt sowie über das Wattenmeer bis nach Föhr.

EIN LATTENWEG führt durch die Amrumer Dünenlandschaft zum Leuchtturm Quermarkenfeuer südwestlich von Norddorf.

IN KÜRZE

LAGE Schleswig-Holstein, Landkreis Nordfriesland, Gemeinde Nebel auf Amrum

HÖHE 63 m über dem mittleren Tidehochwasser, Bauwerkshöhe 41,80 m über Gelände

ZUGANG Leuchtturm-Parkplatz an der Straße Uasterstigh in der Gemeinde Nebel auf Amrum.

INFO Amrum Touristik
Am Fähranleger
25946 Wittdün
auf Amrum
Tel. 04682 9 40 30
www.amrum.de

WASSERKUR
Im Seeheilbad Wittdün auf Amrum laden ein Meerwasserwellenbad und ein Thalasso-Zentrum zum Entspannen ein.

Auf dem Friedhof in Nebel liegt Hark Olufs (1708–54). Olufs wurde als Matrose bei Nantes von Sklavenhändlern gefangen genommen und, da seine Familie das Lösegeld nicht bezahlen konnte, auf dem Sklavenmarkt von Algier verkauft. Doch er stieg zum Kommandeur der Leibgarde des Beys auf und wurde schließlich freigelassen. Zurück auf Amrum verfasste er seine Autobiografie »Hark Olufs' besondere Aventüren«.

DER AMRUMER LEUCHTTURM lässt sich auf dem ›Tanenwai‹, dem Waldwanderweg auf der Dünenkette, mit der Vogelkoje Meeram und dem Leit- und Quermarkenfeuer Norddorf zu einer spannenden Wanderung verbinden. Mit acht Metern ist das nördlichste Amrumer Leuchtfeuer ein vergleichsweise kleiner Leuchtturm, die Feuerhöhe über dem mittleren Tidehochwasser beträgt jedoch 22 m, da der Turm 1905 auf einer Aussichtsdüne errichtet wurde. Die Jugendstilelemente des Turms tragen ebenso zu seiner Beliebtheit bei wie die herrliche Aussicht.

DAS QUERMARKENFEUER steht am Latten-Dünenwanderweg zwischen dem Kniepsand und der Vogelkoje Meeram. Der Weg führt durch eine weite Dünen- und Heidelandschaft, in der die Reste eines freigewehten Megalithgrabs daran erinnern, dass sich hier schon vor 4000 Jahren Menschen aufhielten. Archäologen legten hier auch die Relikte eines eisenzeitlichen Hauses aus der Zeit vor 2000 Jahren frei.

DAS SEEBAD NEBEL mit alten Reetdachhäusern und der romanischen Clemenskirche auf der Wattenmeerseite der Insel ist der Hauptort von Amrum. Nachdem sich Nord- und Süddorf im Mittelalter auf den Standort für den Bau eines gemeinsamen Gotteshauses geeinigt hatten, entstand bei der ab 1236 errichteten Clemenskirche auch das Dorf Nebel; der Name bedeutet wahrscheinlich ›neue Siedlung‹ (analog zu Niebüll). Sehenswert auf dem Friedhof in Nebel sind die ›sprechenden‹ Grabsteine, in die die Lebensgeschichten der Verstorbenen eingemeißelt sind.

VON AMRUM fahren Ausflugsschiffe regelmäßig zu den Halligen (siehe Kasten unten), darunter auch zur Hallig Hooge, der ›Königin der Halligen‹. Das von einem niedrigen Sommerdeich geschützte Marscheneiland mit zehn Warften liegt zwischen den Inseln Pellworm und Amrum sowie den Halligen Langeneß, Japsand und Norderoogsand. Die Hanswarft ist die meistbesuchte und mit 180 mal 200 m größte Warft auf Hooge: Hier befinden sich das Heimat- und Halligmuseum, das Erlebniszentrum »Mensch und Watt« der Schutzstation Wattenmeer, die Gaststätte »Zum Seehund« und das Informationszentrum »Uns Hallig Hus«. Der ›Königspesel‹, eine Friesenstube aus dem 18. Jh., vermittelt mit seinen Fayencen die Wohnkultur der Seefahrer, und das Sturmflutkino führt in einem eindrucksvollen Kurzfilm ein Landunter vor. ■

MARSCHINSELN IM WATTENMEER Als Halligen werden Marschinseln ohne Winterbedeichung im nordfriesischen Wattenmeer bezeichnet. Da diese Inseln die mittlere Hochwasserlinie nur um 1 bis 2 m überragen, schütteten die friesischen Siedler darauf Warften, Warfen bzw. Wurten genannte künstliche Siedlungshügel auf. Bei winterlichen Sturmfluten ragen meist nur die Hügel mit den Wohn- und Wirtschaftsgebäuden aus dem Wasser. Die größte Hallig ist Langeneß mit 16 bewohnten Warften und einer Lorenbahnverbindung zum Festlandshafen Dagebüll. Einige Halligen besitzen einen niedrigen Sommerdeich, der das Grünland vor Überflutungen im Sommer schützt. Ebenso wie die mit hohen Seedeichen gesicherten Marschinseln Nordstrand und Pellworm sind die Halligen ein Teil des Marschlandes, das im Zusammenhang mit dem nacheiszeitlichen Meeresspiegelanstieg sowie durch Sturmfluten vom Festland getrennt wurde bzw. durch Schlickablagerungen der Nordsee entstand.

LINKS Die Johanniskirche auf der Kirchwarft von Hallig Hooge. Das Gotteshaus wurde im 17. Jh. errichtet.

MITTE Ringelgänse formieren sich am Wattenmeer beim kleinen Dorf Steenodde auf Amrum zum gemeinsamen Flug.

UNTEN Diese Holländer Windmühle befindet sich in Nebel auf der Insel Amrum.

RASTPLATZ FÜR VÖGEL
VOGELKOJE MEERARM

Oberhalb des archäologischen Geländes am Latten-Dünenwanderweg befindet sich in Wäldern die Vogelkoje Meerarm, ein im 18. Jh. angelegter Fanggarten für Enten. Heute wird sie als Reservat für Rastvögel genutzt: Um einen Teich herum erstreckt sich ein Gehölz aus Pappeln, Erlen, Moorbirken und Weiden, ein Naturlehrpfad erläutert die botanischen und historischen Besonderheiten.

33

KREIDEFELS IN DER BRANDUNG
KÖNIGSSTUHL AUF JASMUND

Der Blick öffnet sich hier über weite Teile der Ostsee. Für den schwedischen König Carl XII. war der Königsstuhl angeblich eine Art Logenplatz, von dem aus er ein Seegefecht des Nordischen Kriegs beobachtete. Ein Logenplatz ist er bis heute.

Die Kreideklippen der Stubbenkammer mit dem Königsstuhl im Nationalpark Jasmund sind das Wahrzeichen Rügens. Der steil aus dem Meer aufragende Königsstuhl bietet eine überragende Aussicht auf die weiße Steilküste mit den Felsen der Kleinen und der Großen Stubbenkammer sowie auf die Ostsee, während ihm landseitig die Buchenwälder der Stubbenkammer und der sagenumwobene Herthasee vorgelagert sind. Teile dieser Buchenwälder gehören seit 2011 zum UNESCO-Weltnaturerbe »Alte Buchenwälder Deutschlands«.

IM »TAGEBUCH von seiner Reise nach Norddeutschland im Jahre 1796« beschreibt der Gelehrte Wilhelm von Humboldt (1767–1835) den Königsstuhl mit folgenden euphorischen Worten: »Von der Herthaburg an steigt man noch immer höher und höher. Nach und nach sieht man die See durch Bäume schimmern, und plötzlich steht man vor einer schwindelerregenden Tiefe im vollen Anblick derselben. Zwei fünftehalbhundert Fuß hohe Kreidewände lagern sich in vielfachen Säulen gegenüber, und in der Öffnung, die sie bilden, liegt das Meer vor dem Auge in seiner unermesslichen Größe da. Dies ist die Stubbenkammer. Es ist nicht möglich, einen einfacheren und erhabeneren Anblick zu finden, eine bloße Öffnung im Meer, aber die unendliche Ebene so frei und groß daliegend, und der Schauplatz, von dem man sie sieht, so kühn und fest gegründet, so wunderbar gestaltet durch die Winkel der Ecken und Felsen, so abstechend von Farben mit den weißen Kreidewänden gegen das blaue Meer, und so freundlich und schauervoll heilig durch den grünen, schattigen Wald, aus dem man soeben hervortritt.«

IN SÜDLICHER RICHTUNG fällt der Blick vom Königsstuhl über einen schluchtartigen Einschnitt hinweg auf die Felsen der Kleinen Stubbenkammer. Jenseits des Einschnitts links – hier soll sich einst der Seeräuber Klaus Störtebeker versteckt haben – zeigen sich die Felswände der Großen Stubbenkammer. Von der Hangkante oberhalb der beiden Einschnitte bieten sich die Profilansichten des Königsstuhls, die auch auf zahlreichen Aquarellen, Kreidezeichnungen und Ölgemälden seit der Zeit der Romantik dargestellt sind. Den ›klassischen‹ Blick hat man an der Viktoriasicht auf dem Hochuferweg.

SEINEN NAMEN hat der Königsstuhl einer Sage zufolge einem königlichen Wettstreit zu verdanken: Diejenigen Männer, die in alter Zeit die Königskrone erringen wollten, mussten diesen Felsen besteigen. Wer als Erster den Gipfel erreichte und auf einem dort bereitstehenden Stuhl Platz nahm, erhielt die Krone. Einer anderen Legende zufolge trägt der Felsen seinen Namen, weil König Carl XII. von Schweden hier während des Nordischen Kriegs einen Sessel habe aufstellen lassen, von dem aus er ein Gefecht seiner Flotte gegen die Dänen beobachtet haben soll.

SANFT PLÄTSCHERT die Ostsee an die Kreideküste von Jasmund mit dem im Morgenlicht leuchtenden Königsstuhl.

IN KÜRZE

LAGE Mecklenburg-Vorpommern, Landkreis Rügen, Stadt Sassnitz

HÖHE 118 m

ZUGANG Parkplatz und Bushaltestelle ›Parkplatz Hagen‹ an der Straße von Sassnitz Richtung Altenkirchen. Bus Sassnitz–Hagen–Lohme; von dort knapp 30 Min. durch den Nationalpark zum Königsstuhl

INFO Nationalpark-Zentrum Königsstuhl
Stubbenkammer 2
18546 Sassnitz
Tel. 038392 66 17 66
www.koenigsstuhl.com

KLETTERWALD
Am Rudgardturm in Bergen auf Rügen gibt es einen Klettergarten für Freunde steiler Wände (www.stadt-bergen-auf-ruegen.de).

Das Nationalparkamt veranstaltet von April bis September täglich Führungen zum Alten Torfmoor, zum Herthasee und zum Königsstuhl. Dabei erfährt man viel über die hiesige Geologie, Archäologie, Tier- und Pflanzenwelt. Das Nationalparkzentrum Königsstuhl ist die zentrale Anlaufstelle des Nationalparks Jasmund. Mit Ausstellungen, einer Multivisionsschau u. a. weckt es Verständnis für die Bedeutung des Nationalparks.

DER ZUGANG ZUM KÖNIGSSTUHL beginnt am Parkplatz Hagen. Kurz vor dem Ziel erblickt man durch den Wald den Spiegel des sagenumwobenen Herthasees. An seinem Ufer erhebt sich der von alten Bäumen bestandene Ringwall der Herthaburg. Der See im Nationalpark Jasmund ist mit elf Metern Rügens tiefster See.

SEIT DEN FORSCHUNGEN des Danziger Historikers und Geografen Philipp Clüver (1580–1622) wird der von alten Buchen umgebene See mit dem Kult in Verbindung gebracht, den der römische Geschichtsschreiber Publius Cornelius Tacitus im Zusammenhang mit der germanischen Erdgöttin Nerthus beschreibt (siehe Kasten unten). Auch der Name ›Herthaburg‹ für die Ringwallanlage an diesem eiszeitlichen Schmelzwassersee geht auf Clüvers Gleichsetzung von ›Nerthus‹ mit ›Hertha‹ zurück.

DER NATIONALPARK JASMUND umfasst das höchstgelegene (161 m am Piekberg) Gebiet der Insel Rügen. Seeseitig begrenzt ihn die 10 km lange, bis zu 118 m aus der Ostsee aufragende Kreidekliffküste mit bekannten Felsformationen wie dem Königsstuhl und den Wissower Klinken (siehe rechts). Durch zahlreiche Zeichnungen und Gemälde der Künstler Jacob Philipp Hackert, Caspar David Friedrich und Carl Gustav Carus wurde dieses Gebiet in der Epoche der Romantik bekannt.

AUF DEN KALKBÖDEN der Stubnitz gedeihen 27 verschiedene, wunderschön blühende Orchideenarten, darunter beispielsweise mehrere Arten von ›Frauenschuh‹. Ein herausragender Vertreter der Tierwelt des Nationalparks ist sicherlich der majestätische Seeadler. Landseitig der Kliffkante erstrecken sich ausgedehnte Rotbuchenwälder mit Feuchtgebieten, Mooren und zum Teil schluchtenartig eingegrabenen Bachläufen; seit 2011 gehören Teile dieser Buchenwälder zum UNESCO-Weltnaturerbe.

DER KIELER BACH bildet bei seiner Mündung an der Kreideküste einen vier Meter hohen Wasserfall. Megalithen wie das jungsteinzeitliche Pfenniggrab, bronzezeitliche Opfersteine und der ›Herthaburg‹ genannte Burgwall beim Herthasee legen die weit verbreitete Deutung nahe, dass dieses Gebiet über Jahrtausende hinweg von den Anwohnern als kultisches Naturschutzgebiet diente. An den Stränden am ausgewaschenen Fuß der aktiven, von Schluchten und anderen Erosionsformen geprägten Kliffen findet man beim Spaziergang (Schreib-)Kreide, Fossilien sowie Feuersteine (›Hexenfinger‹ und ›Donnerkeile‹). ■

HERTHASEE-SAGE In der germanischen Götterwelt hieß ›Mutter Erde‹ Nerthus. Den Nerthuskult beschreibt der römische Historiker Tacitus in seiner Schrift »Germania« (um 98 v. Chr.): »Auf einer Insel des Weltmeers gibt es einen heiligen Hain, und dort steht ein geweihter Wagen, mit Tüchern bedeckt. Einzig der Priester darf ihn berühren. Er bemerkt das Eintreffen der Göttin…Dann werden Wagen und Tücher und…die Gottheit selbst in einem entlegenen See gewaschen. Diener sind hierbei behilflich, und alsbald verschlingt sie derselbe See.« Für die Helfer ist die Begegnung mit der Göttin der Sage nach tödlich. Der Ufereinschnitt am Bohlensteg im Osten des Sees soll die Stelle sein, wo der Wagen der Göttin in den See gefahren wurde, und die Herthaburg am Steilufer sei Stätte für Fruchtbarkeitskulte gewesen. Wenn ein Wanderer bei Vollmond sehe, wie ›die weiße Frau‹ im See bade, habe sein letztes Stündlein geschlagen: Mit Gewalt ziehe es ihn zum See, und sobald er das Wasser berühre, verschlingen ihn die Fluten.

OBEN Rügens Kreidefelsen im Nationalpark Jasmund sind permanenter Erosion ausgesetzt, und hie und da kommt es deswegen zu Felsabbrüchen.

UNTEN Der Bohlensteg am sagenumwobenen Herthasee.

ERODIERTE KREIDEWAND WISSOWER KLINKEN

Die Wissower Klinken im Nationalpark Jasmund, am Hochuferweg bei Sassnitz, gehören zu den malerischsten Felsformationen der Ostsee. Die beiden sanft geschwungenen, nach oben spitz zulaufenden Kreidewände waren ursprünglich Teil einer geschlossenen Uferwand, im Lauf von Jahrhunderten präparierten die Kräfte der Erosion die Spitzen heraus. Ungeachtet zum Teil kolossaler Felsstürze ist noch ein bewundernswerter Rest von ihnen erhalten.

34

PREUSSENS ARKADIEN AUF DEM PFINGSTBERG
DAS BELVEDERE IN POTSDAM

Von Potsdams Pfingstberg bietet sich ein einmalig schöner Blick – und das nicht nur auf die reizvolle Havellandschaft, sondern auch auf die Schlösser und anderen Kulturdenkmäler, die ein in der Welt einmaliges Ensemble darstellen.

Das Potsdam-Berliner Park- und Schlösserensemble beiderseits der Havel ist Deutschlands größte UNESCO-Welterbestätten-Landschaft. Die Wirkung dieses von herausragenden Architekten und Künstlern gestalteten Gesamtkunstwerks mit seinem ›arkadischen‹ Gepräge, ›romantischen‹ Wegeführungen und mannigfaltigen Sichtbezügen macht das Gebiet an der seenartig erweiterten Havel zu einer besonders schönen Kultur- und Naturerlebnislandschaft. Zum Kulturerbe gehören neben den Parkanlagen von Sanssouci die Schlösser und Parks Babelsberg, Glienicke und Lindstedt, die Pfaueninsel, Schloss und Park Sacrow mit der Heilandskirche, die Russische Kolonie Alexandrowka und die Sternwarte am Babelsberger Park sowie das Belvedere auf dem Pfingstberg, das einen einmaligen Blick auf die Welterbelandschaft bietet.

DIE DURCH EINE Bogengalerie und einen offenen Aussichtsgang verbundenen Türme des Belvedere auf dem 96 m hohen Pfingstberg, der höchsten Erhebung Potsdams, sind die faszinierendsten Panoramapunkte des Schlösser-, Teiche- und Parkterrains an der Havel. Wie in einer mediterranen Landschaft schweift der Blick von dem Prachtbau über die Wälder und Parks des Havellandes, auf die Pfaueninsel, über das Zentrum Potsdams und bis zum Fernsehturm auf dem Alexanderplatz.

DER PREUSSISCHE König Friedrich Wilhelm IV., der ›Romantiker auf dem Thron‹, skizzierte höchstpersönlich die Pläne für ein Aussichts-Lustschloss auf der die Havellandschaft beherrschenden Anhöhe. 1847–52 errichtete Ludwig Hesse den Bassinhof und die Rückfront mit den Türmen sowie die offenen Kolonnadengänge auf den Hofseiten. Nach der Entmündigung des Königs 1858 wurde das Projekt in reduzierter Form zu Ende geführt: Friedrich Stüler errichtete die von einer Kuppel überwölbte Pfeilerhalle als Entrée in den Bassinhof, Peter Joseph Lenné legte ab 1862 den Landschaftspark an, in den er den Pomona-Tempel (1801), das Erstlingswerk Friedrich Schinkels, einbezog.

ZU ZEITEN der sozialistischen DDR verfiel das Gebäude. Nach der deutschen Wiedervereinigung ermöglichten großzügige Spenden die glanzvolle Restaurierung. Der Bundespräsident eröffnete 2003 den Ostturm, seither sind wieder beide Türme zugänglich. ∎

POTSDAMS SCHÖNSTE AUSSICHT genießen Besucher zweifellos vom italienisch inspirierten Belvedere auf dem 96 m hohen Pfingstberg aus.

IN KÜRZE

LAGE Brandenburg, Stadt Potsdam, Am Pfingstberg/ Am Waldessaum

HÖHE 96 m

ZUGANG Parkplatz am Volkspark Potsdam an der Straße ›Esplanade‹ vor dem Tropenhaus Biosphäre, Anfahrt auf der B 2; Fußweg 7 Min. zum weiträumig autofreien Belvedere

INFO Förderverein Pfingstberg
Große Weinmeisterstr. 45 A
14469 Potsdam
Tel. 0331 20 05 79 30
www.pfingstberg.de

SCHLOSS GLIENICKE Ein Blickfang vom Belvedere aus ist Schloss Glienicke am gegenüberliegenden Ufer der Havel. Das Schloss wurde 1824 von Friedrich Schinkel in einem 1816/24–45 von Peter Joseph Lenné gestalteten Landschaftspark errichtet und ist Teil des Berlin-Potsdamer UNESCO-Weltkulturerbes. Heute bildet das Schloss den Rahmen für Konzerte klassischer Musik, im Sommer finden die Veranstaltungen in der Orangerie des Schlosses statt (www.konzerte-schloss-glienicke.de)

35

SANDSTEINPLATEAU MIT PANORAMABLICK
DIE BASTEI IN DER SÄCHSISCHEN SCHWEIZ

Von der fast 200 Meter hohen Felskanzel Bastei aus hat man eine phänomenale Sicht über die bizarre, schroffe Felsenlandschaft des Elbsandsteingebirges, die schon viele Maler und Dichter zu Werken und Lobeshymnen inspiriert hat.

Die Bastei über dem Elbtal gilt seit mehr als 200 Jahren als der berühmteste Aussichtspunkt des Elbsandsteingebirges. Der spektakuläre Blick von dort oben auf die höchsten ›Steine‹ und Berge der Sächsischen Schweiz gab zu Zeiten der Romantik den Ausschlag für die Entwicklung des Malerwegs als bedeutendste Reiseroute von Dresden aus durch die Felsenwelten beidseits der Elbe. Schriftsteller wie Carl Nicolai und Hans Christian Andersen haben die Basteiaussicht beschrieben, Maler wie Caspar David Friedrich und Johan Clausen Dahl verewigten die Felsenschluchten und Basteiwände in Gemälden und Stichen.

»WELCHE HOHE Empfindungen gießt das in die Seele! Lange steht man, ohne mit sich fertig zu werden. Schwer reißt man sich von dieser Stelle fort«, begeisterte sich Carl Heinrich Nicolai im Jahr 1801 in seinem »Wegweiser durch die Sächsische Schweiz« über die Basteiaussicht. Die geländergesicherte Felskanzel, die als Bastei in das Verteidigungswerk der Felsenburg Neurathen einbezogen war, stürzt auf drei Seiten senkrecht 194 m zur Elbe ab. Flussabwärts schweift der Blick an klaren Tagen bis Dresden, flussaufwärts zeigen sich der Basaltkegel des Rosenbergs in der Böhmischen Schweiz, der Lilienstein als ein Wahrzeichen der Sächsischen Schweiz, die Festung Königstein, die Schrammsteinkette und dahinter der Winterberg.

DIE ALS ›BASTEIAUSSICHT‹ bekannte Felskanzel ist nur einer von zahlreichen Orten, von denen aus sich atemberaubende Blicke in die Tiefe und unvergessliche Landschaftseindrücke bieten. Der Blick reicht von hier aus weit übers Land, in der Ferne erkennt man sogar den Hohen Schneeberg, mit 723 m die höchste Erhebung des Elbsandsteingebirges. Weitere hervorragende Aussichtspunkte sind die Basteibrücke, die die Bastei mit der Neurathener Felsenburg verbindet, die Ferdinandaussicht (über einen Abzweig am Zugang zur Basteibrücke), die Aussicht am Tiedge (benannt nach dem Dichter und Sänger Christoph Tiedge, über einen Waldpfad von Rathen aus zu erreichen), die Aussicht am Kanapee (von der Tiedge-Aussicht muss man einige Treppen steigen) sowie die Wehlsteinaussicht. Alle Aussichtspunkte sind gut ausgeschildert und von Rathen aus leicht zu erreichen.

DIE SÄCHSISCHE SCHWEIZ erstreckt sich als Teil des Elbsandsteingebirges beidseits der Elbe zwischen der Dresdner Elbtalweitung und der tschechischen Grenze. Von unterschiedlichen Materialien durchsetzt, sind die Sandsteinschichten verschieden anfällig gegenüber Verwitterung und Abtragung, und diesen unterschiedlichen Auswirkungen der Erosion verdankt die Sächsische Schweiz ihre enorme Formenvielfalt: Felstürme, Überhänge, Höhlen, Schluchten, Ebenheiten, Tafelberge, Sanduhren, Wabenverwitterung – bei der sich, meist an Überhängen, wabenartige Strukturen

DÄMMERUNG ÜBER DER BASTEI. Hier ist auch das Geländer der steinernen Basteibrücke zu sehen, die die 40 m tiefe Mardertelle-Schlucht überspannt. Der markante Tafelberg im Hintergrund ist der Lilienstein.

IN KÜRZE

LAGE Sachsen, Landkreis Sächsische Schweiz – Osterzgebirge, Gemeinde Lohmen

HÖHE 305 m

ZUGANG Bastei-Parkplatz an der Basteistraße im Süden der Gemeinde Lohmen; zugleich Bushaltestelle des Bastei-Busses. Zugang auch von Niederrathen aus (Fährüberfahrt), ab Ortsmitte ausgeschildert

INFO Tourismusverband Sächsische Schweiz
Bahnhofstr. 21
01796 Pirna
Tel. 03501 47 01 47
www.saechsische-schweiz.de
und
Nationalparkzentrum Sächsische Schweiz
Dresdner Str. 2B
01814 Bad Schandau
Tel. 035022 50 240
www.nationalpark-saechsische-schweiz.de

DRAHTSEILAKT
Zwischen Ober- und Niederrathen pendelt die letzte Gierseilfähre der Elbe, von der aus man einen tollen Blick auf die Bastei hat.

Das Elbsandsteingebirge ist ein Paradies für Kletterer, wenn auch das Klettern hier anderen Regeln unterliegt als etwa in den anderen Mittelgebirgen oder den Alpen. Grund ist der Sandstein: Er wird bei Feuchtigkeit porös und verliert an Festigkeit, Klettern im nassen Fels – etwa bei Regen – aber auch die Benutzung von Sicherungsmitteln aus Metall sind verboten. Beliebte Klettertürme und Felsnadeln bietet das Bielatal.

herausgebildet haben – und Wollsackverwitterung – hier handelt es sich um an den Kanten gerundete Felsblöcke, die sich wie Säcke übereinander türmen.

Der Kern der ›klassischen‹ Sächsischen Schweiz rechts der Elbe steht seit 1990 als Nationalpark unter Schutz. Er gliedert sich in die Vordere – näher an Dresden gelegene – und die Hintere Sächsische Schweiz. Die Vordere Sächsische Schweiz zwischen den Burgstädten Wehlen und Hohnstein umfasst mit dem Basteigebiet und der Felsenburg Neurathen die meistbesuchte Felsregion des Gebirges und mit dem Lilienstein den mächtigsten Tafelberg. Zu den Höhepunkten der weiter elbaufwärts gelegenen Hinteren Sächsischen Schweiz gehören das Kirnitzschtal, die Schrammsteinkette, die Affensteine, die Schluchten des Zschand sowie die Basaltkuppe des Großen Winterbergs. Das Nationalparkzentrum in der Kurstadt Bad Schandau präsentiert in Ausstellungen über Natur und Kultur sowie in Projekten und Veranstaltungen die Besonderheiten der Nationalparkregion Sächsische Schweiz.

DIE STEINERNE BASTEIBRÜCKE verbindet in luftiger Höhe den Aussichtsfelsen und Deutschlands größte Felsenburg: Neurathen. Die sagenumwobene Schlucht der Marter- bzw. Marderdelle, in der zahlreiche Schädel gefunden wurden, bildet den natürlichen ›Burggraben‹ zwischen der Bastei und der Felsenburg. 1851 wurde die 76,50 m lange Basteibrücke zwischen der Basteihochfläche und dem Neurathener Felsentor als steinerne Rundbogenbrücke errichtet. Etwa in ihrer Mitte erhebt sich der gewaltige Felsen der Großen Steinschleuder (Alte Schanze), der in das Verteidigungssystem der Felsenburg einbezogen war: Auf seiner Gipfelfläche stand eine Wurfmaschine, mit der über 50 kg schwere Sandsteinkugeln auf Angreifer katapultiert wurden; die Nachbildung einer mittelalterlichen Steinschleuder befindet sich auf dem Burggelände. Am basteiseitigen Ende der Brücke lohnt sich der Abstecher über Stegbrücken und Stufen zum Ferdinandstein, auf dem der österreichische Kaiser Ferdinand I. (1793–1875) den Blick auf die Felsenburg mit der Großen Steinschleuder, zum Großen Wehlturm, zur Kleinen Gans und hinab in den Wehlgrund genoss.

Die FELSENBURG NEURATHEN in den Basteifelsen zwischen Elbtal, Wehlgrund und Martertelle wurde 1361 zusammen mit der Burg Altrathen erstmals schriftlich erwähnt. Sie ist eine der bedeutendsten Felsenburgen Deutschlands. Die Doppelburg Alt- und Neurathen war hart umkämpft im deutsch-böhmischen Grenzgebiet. Während sich andere Burgen dieses Typs auf ein einziges Felsriff beschränken, nutzt Neurathen eine Vielzahl von Felstürmen, die südwärts fast 200 m zur Elbe abfallen. Die Felsen waren verbunden durch einen hölzernen Wehrgang, der am Neurathener Felsentor begann; der Wehrgang wurde auf einer Länge von 120 m von Sebnitzer Bergsteigern in Stahlkonstruktion neu errichtet, sodass die Besichtigung der Burg gefahrlos möglich ist. Einmalig ist vom Wehrgang die Aussicht in die Tiefe in die Felsszenerien des Wehlgrundes, aus dem sich der Talwächter erhebt, sowie die zu Mönch und Lokomotive und auf die Hintere Sächsische Schweiz mit den Schrammsteinen und dem Winterberg.

NACH SO VIEL NATUR tut vielleicht wieder etwas Kultur gut. Die im Felskessel des Wehlgrundes am Fuß der Basteihochfläche eingerichtete Felsenbühne Rathen ist ein eindrucksvolles Naturtheater für bis zu 2000 Zuschauer. ■

QUELLE DER INSPIRATION
KUNST UND TOURISMUS

Die Informationsstelle des Nationalparks Sächsische Schweiz im historischen Schweizerhaus an der Bastei vermittelt in einer Kunstausstellung einen Einblick in die Vielfalt der künstlerischen Darstellungen der Sächsischen Schweiz seit der Romantik. Außerdem werden Dokumente zum Malerweg und zur Entwicklung des Tourismus am bekanntesten Aussichtsfelsen des Elbsandsteingebirges gezeigt. Wer länger bleiben möchte: Daneben befindet sich das Vier-Sterne-Berghotel »Bastei«.

OBEN UND MITTE Der grandiose Blick von der Bastei über die grüne Umgebung und die Elbe.

LINKS Die sogenannten Schwedenlöcher bei Rathen bilden einen recht steilen Wanderweg, der vom Amselsee in Rathen zur Bastei führt, aber natürlich auch für den Abstieg genutzt werden kann. Der Name geht auf den Dreißigjährigen Krieg zurück, als sich hier Bauern vor den Schweden versteckten.

36

GIPFEL MIT RUNDUMBLICK
DER GROSSE INSELSBERG IN THÜRINGEN

Er überragt den Kammrücken des Thüringer Waldes: der Große Inselsberg. Doch im zugehörigen Geopark kann man nicht nur in die Weite, sondern auch in die Tiefe blicken – und in Schauhöhlen die Berge sogar von innen erkunden.

Der Große Inselsberg am Rennsteig ist das Wahrzeichen des Thüringer Waldes, wegen seiner isolierten Hochlage galt er jahrhundertelang sogar als Thüringens höchster Berg – diese Ehre gebührt jedoch tatsächlich dem Großen Beerberg (983 m), der allerdings weniger exponiert steht. Etwa 100 Höhenmeter überragt die 916 m hohe Erhebung im Geopark »Inselsberg – Drei Gleichen« den Gebirgskamm. Ihre natürlichen Buchenwälder und Aussichtsplätze sowie die Gipfel-Gastronomie haben sie schon im 19. Jh. zu den Top-Wander- und Ausflugszielen Thüringens gemacht.

»UND WÄRE ICH NICHT, was ich bin, hier würde mein wirkliches Zuhause sein«, soll die 15-jährige spätere Queen Victoria, deren Mutter der Dynastie Sachsen-Coburg-Gotha entstammte, beim Anblick vom Inselsberg im Jahr 1834 gesagt haben. Bei klarer Sicht zeigen sich im Nordwesten die Wartburg, im Norden Hörselberge und Kyffhäuser, im Osten das malerische Burgenensemble der Drei Gleichen, im Süden und Südosten Schneeberg, Beerberg – mit 983 m der höchste Berg Thüringens –, Kickelhahn und Adlersberg sowie im Südwesten die Kuppen der Rhön. Bei sehr guten Wetterbedingungen soll man von hier aus sogar den Brocken im Harz sehen können, der sich gut 100 km nördlich erhebt. Geradezu legendär sind die spätherbstlichen und winterlichen Inversionslagen, wenn sich der Inselsberg wie eine Sonneninsel aus den Nebelniederungen erhebt.

EINER SAGE ZUFOLGE ankerte während der Sintflut die Arche Noah auf dem Inselsberg, allerdings verdankt der Gipfel, der vulkanischen Ursprungs ist, seinen Namen nicht seiner markanten Insellage: Namensgeberin war vielmehr der Fluss Emse, der in der Nordwestflanke des Bergs entspringt. Die ältesten überlieferten Namen der Erhebung sind Emmiseberg (1330), Encenberg (1420) und Emseberg (1528), ehe ab Mitte des 17. Jahrhunderts der Name Inselberg fassbar wird, dem später ein ›s‹ eingefügt wurde. Herzog Ernst der Fromme von Sachsen-Gotha und Altenburg ließ 1649 – ein Jahr nach dem Ende des Dreißigjährigen Kriegs – das erste Gebäude auf dem Gipfel errichten, das achteckige Jagdhaus ›Octogon‹. Über der Tür ließ er die lateinische Inschrift »Mons Insularis« anbringen: Insel-Berg. Johann Wolfgang von Goethe übernachtete im Juli 1784 im ›Salon‹ des herzoglichen Jagdhauses und beobachtete am folgenden Morgen den Kampf der Sonne und der Wolken, diese Eindrücke hielt der Dichter natürlich schriftlich fest. 1836 wurde das Haus durch ein Unwetter zerstört.

DER INSELSBERG und seine Umgebung im Geopark »Inselsberg – Drei Gleichen« warten mit einer fast unerschöpflichen Fülle an herausragenden, einzigartigen Geotopen – der Begriff ist in Analogie zu Biotop gebildet und bezeichnet beispielsweise besonders markante Felsformationen, die Aufschlüsse über die Erdgeschichte erlauben – und Ausflugszielen auf. Der sagenumwo-

DIE VESTE WACHSENBURG aus dem 10. Jh. gehört zu den Drei Gleichen, die man vom Inselsberg aus überblicken kann. Von oben genießen Besucher einen Panoramablick über das Thüringer Becken.

IN KÜRZE

LAGE Thüringen, an der Grenze der Stadt Brotterode im Landkreis Schmalkalden-Meiningen und der Gemeinde Tabarz im Landkreis Gotha

HÖHE 916 m

ZUGANG Parkplatz Grenzwiese (723 m) an der Passstraße Brotterode-Tabarz

Aufstieg zum Gipfel 30 Min. auf dem Rennsteig bzw. auf der für den öffentlichen Verkehr gesperrten Gasthof-Zufahrt

INFO Nationaler Geopark Thüringen Inselsberg – Drei Gleichen
Gartenstr. 9
99894 Friedrichroda
Tel. 03623 3 32 00
www.geopark-thueringen.de

SPRUNGBRETT
Der Bergsee an der Ebertswiese eignet sich zum Baden. Mutige springen von einem 10 m hohen Felsen ins Wasser.

In einem der größten Räume der Altensteiner Höhle, dem ›Dom‹, finden verschiedenste Konzerte statt und Kindertheatertruppen bringen hier Märchen auf die Bühne. Im 19. Jh. musizierte die Hofkapelle des Herzogs Georg I. von Sachsen-Meiningen in einem anderen Höhlenraum, dem sogenannten ›Musikplatz‹. Dort ist noch immer die Empore zu sehen, auf der die Musiker damals ihr Plätze einnahmen.

bene Gerberstein, auf dem eine mittelalterliche Burg gestanden haben soll und an dessen Nordfuß der Erbstrom entspringt, ist der am frühesten (933 und 1014) urkundlich erwähnte Berg auf dem Kamm des Thüringer Waldes. Der Trusetaler Wasserfall tost mit einer Fallhöhe von 50 m durch eine Granitwand in den Trusegrund; der höchste Wasserfall des Thüringer Waldes wurde 1865 künstlich unter der Teufelskanzel angelegt.

DIE UNTER NATURSCHUTZ stehende Ebertswiese ist die Quellwiese des Flüsschens Spitter und dank des Bergsees, des Berghotels »Ebertswiese«, der Pension »Bergseebaude« und der Trekkinghütten für Wanderer und Radwanderer ein attraktiver Zwischenstopp am Rennsteig. Die aus der feuchten Bergwiese austretende Spitter bildet gut einen Kilometer weiter nördlich den Spitterfall, den mit 19 m höchsten natürlichen Wasserfall Thüringens. Der Bergsee ist ein beliebter Badesee in einem aufgelassenen Steinbruch an der Ebertswiese.

EIN WEITERES HIGHLIGHT im Geopark ist die Marienglashöhle zwischen Friedrichroda und Tabarz. Zwischen 1778 und 1903 wurde hier Gips abgebaut, heute wird sie als geologisch-bergbaugeschichtliche Schauhöhle genutzt. Die glitzernden, durchsichtigen Gipskristalltafeln erreichen Längen von fast einem Meter und wurden früher u. a. als Schutz für Heiligen- und Marienbildchen verwendet, davon leitet sich denn auch der Name der Höhle ab. In der unteren Sohle befindet sich ein Höhlensee.

NACHDEM MAN sich an der Weite sattgesehen hat, könnte man auch der Altensteiner Höhle bei Schloss Glücksbrunn (1705), eine von einem Bach durchflossene Spalthöhle im Zechsteinriff des Alten Steyns, einen Besuch abstatten. Besichtigt werden kann sie im Rahmen einer Führung oder anlässlich eines der Höhlenkonzerte. Gegenüber dem Eingang der Altensteiner Höhle führt der Charlottenpfad durch die alten Wälder des Altensteiner Parks. Der ursprünglich in den Jahren 1798–1803 angelegte Garten wurde 1846–1852 von Hermann Pückler-Muskau und Peter Joseph Lenné zum englischen Landschaftspark umgestaltet.

DER GROSSE BEERBERG (983 m) am Rennsteig ist Thüringens höchste Erhebung. Die flache Gipfelpartie des erloschenen Vulkans mit alten Wetterfichten und einem der wenigen Kammmoore des Thüringer Waldes steht unter Naturschutz und darf nicht betreten werden. Der Rennsteig erreicht am Beerberg seinen höchsten Punkt (973 m). ■

TRADITIONSREICHE GIPFELGASTHÖFE AUF DEM INSELSBERG Wie über die Schneekoppe im Riesengebirge verlief über den Inselsberg eine Staatsgrenze, und wie auf der Schneekoppe hatte hier jeder Staat sein eigenes Gasthaus. Auf hessischer Seite eröffnete 1810 die »Hessische Herberge«, die nach der Annexion des Gebiets durch Preußen (1866) in »Preußischer Hof« umbenannt wurde und heute als »Berggasthof Stöhr« in der vierten Generation geführt wird. Auf sachsengothaischer Seite wurde 1851 das Gasthaus »Stadt Gotha« eröffnet, der heutige Berggasthof »Stadt Gotha«. 1911 wurde das in Einzelteile zerlegte Wartburg-Gasthaus mit 200 Pferdegespannen auf den Inselsberg transportiert und dort als Bettenhaus des Gasthauses »Stadt Gotha« wieder aufgebaut. Dieses Fachwerkhaus wurde in den 1950er-Jahren im Schwerpunkt als Wanderherberge genutzt und ist die heutige Jugendherberge »Großer Inselsberg«.

OBEN Legendärer Ankerplatz: Angeblich machte Noah während der Sintflut seine Arche am Inselsberg fest.

UNTEN Die Mühlburg ist die älteste Festung der Drei Gleichen. Ihre Geschichte reicht bis ins 6. Jh. zurück.

MALERISCHE BURGEN DIE DREI GLEICHEN

Die Drei Gleichen sind mittelalterliche Burgen auf drei exponierten Bergkegeln im Vorland des Inselsbergs. Die Trias von Burg Gleichen, Mühlburg und Wachsenburg bildet eine derart herausragende Einheit, dass das Gebiet 2006 in den Namen des Geoparks »Inselsberg – Drei Gleichen« aufgenommen wurde. Eine Sage ist mit der Burg Gleichen verbunden, die zu Beginn des 13. Jahrhunderts dem Grafen Ernst von Gleichen gehörte. 1228 geriet der Graf auf einem Kreuzzug in Gefangenschaft und lernte in der Sklaverei Melechsala lieben, die Tochter eines Sultans. Schließlich floh er mit ihr nach Rom, wo der Papst ihm die Erlaubnis zur ›Zweibeweibtheit‹ erteilte. Eifersucht schien seine erste Gemahlin nicht zu kennen. Als er 1249 mit Melechsala zu ihr zurückkehrte, freute sie sich sehr und hat sich mit der neuen Situation bestens arrangiert.

37

EINZIGARTIGE FLUSSBIEGUNG
DIE METTLACHER SAARSCHLEIFE IM SAARLAND

Ob vom Aussichtspunkt Cloef, den man zu Fuß erreicht, oder vom Deck eines Ausflugsschiffes aus betrachtet – die Stelle, an der die Saar den Bergen in einer engen Kurve ausweicht, ist aus jeder Perspektive ein einzigartiges Naturerlebnis.

Die Saarschleife ist die eindrucksvollste Flusswindung Deutschlands. Auf zehn Kilometern Länge sucht sich der Fluss mit einer 180-Grad-Wende seinen schluchtartigen Weg zwischen bewaldeten Steilhängen aus hartem Hunsrückquarzit. Zwischen Besseringen am oberen und Mettlach am unteren Ende der Schleife beträgt die Luftlinienentfernung nur zwei Kilometer, der Fluss macht dazwischen aber etliche Umwege. Ein einzigartiger Blick auf dieses Naturwunder im Naturpark Saar-Hunsrück öffnet sich am Aussichtspunkt Cloef beim Luftkurort Orscholz auf 200 Höhenmeter über dem Fluss.

SPEKTAKULÄRE STEILHANGPFADE, atemberaubende Felsbalkone und urwüchsige Natur: Die rund 16 km lange Saarschleife-Tafeltour von Mettlach zur Burg Montclair, mit der Fähre durch die Saarschleife und hinauf zum Aussichtspunkt Cloef, ist die Top-Tour im Bann der Saarschleife und zählt zu den Wanderperlen des Saarlands. Sie ist als ›Traumschleife‹ Bestandteil des Saar-Hunsrücks-Steigs, der als Premiumwanderweg zu den attraktivsten Fernwanderwegen Deutschlands gehört.

AUSGANGSPUNKT ist das an der Saarschleife gelegene Mettlach, das mit der barocken ehemaligen Benediktinerabtei, in der die Konzernzentrale der Villeroy & Boch AG sowie ein Keramikmuseum untergebracht sind, dem romanischen Alten Turm und dem englischen Landschaftspark ein bedeutendes Klosterensemble in veränderter Form bewahrt hat. Von der Mettlacher Pfarrkirche St. Lutwinus aus erreicht man auf einem ausgeschilderten Höhenweg (Kochmütze als Symbol) die Burgruine Montclair, die – außer montags – besichtigt werden kann. Weiter geht es steil bergab zur Saar, wo Radfahrer und Wanderer zwischen April und Oktober mit der Fähre übersetzen können (montags Ruhetag). Wieder führt der Weg bergauf, der Kochmütze folgend erreichen wir den Aussichtspunkt Cloef, von hier aus hat man den schönsten Blick über die Saarschleife. Der Weg führt weiter saarabwärts an alten Holztransportrinnen entlang durch das Naturschutzgebiet Wellesbachtal, bis wir die Brücke über die Saar erreichen, über die wir mit Mettlach, dessen Fußgängerzone und der Kirche St. Lutwinus zum Ausgangspunkt der Rundtour zurückkehren. ∎

180-GRAD-WENDE EINES FLUSSES: Die Saarschleife gilt als Wahrzeichen des Saarlands. Vom Aussichtsplatz Cloef hat man einen wunderbaren Blick auf dieses Naturphänomen.

IN KÜRZE

LAGE Saarland, Landkreis Merzig-Wadern, Gemeinde Mettlach

LÄNGE 16 km Rundweg

HÖCHSTER PUNKT 348 m

ZUGANG Von Mettlach aus Pfarrkirche St. Lutwinus Rundweg »Tafeltour«; direkter Zugang zum Aussichtspunkt Cloef »Parkplatz an der Cloef« unterhalb von Orscholz, Ortsteil der Gemeinde Mettlach (5 Min. Fußweg)

INFO Tourist Information Orscholz
Cloef-Atrium
66693 Mettlach
Tel. 06865 9 11 50
www.tourist-info.mettlach.de

NATURPARK SAAR-HUNSRÜCK Der Naturpark Saar-Hunsrück umfasst 2055 km² zwischen Saar, Mosel und Nahe im Saarland und in Rheinland-Pfalz. Vom Schengener Dreiländereck an der Obermosel erstreckt sich das Fluss- und Bergland ostwärts bis zur Edelsteinstadt Idar-Oberstein. Wahrzeichen des Naturparks sind die Mettlacher Saarschleife und der Quarzitrücken des Schwarzwälder Hochwaldes, des höchsten Hunsrück-Bergrückens mit dem Aussichtsturm auf dem Erbeskopf (816 m). Informationszentren gibt es in Hermeskeil und Weiskirchen sowie im Hunsrückhaus am Erbeskopf.

38

TRAUMHAFTES BERGPANORAMA
DER BELCHEN – KÖNIG DES SCHWARZWALDS

Der Belchen im Südschwarzwald ist die imposanteste Berggestalt des höchsten deutschen Mittelgebirges: Nach Feldberg und Herzogenhorn ist er nur der dritthöchste Gipfel, dennoch gilt er als schönster und als ›König des Schwarzwalds‹.

Aus allen Himmelsrichtungen führen Wanderwege auf die Kuppe des Belchen, der steil aus Tälern aufragt, die wie das Münstertal im Westen und das Wiesental im Osten 1000 m bzw. 900 m niedriger liegen. Das ganze Jahr über lockt der Berg mit seiner phänomenalen Aussicht viele Wanderer und Wintersportler an. Der mächtigste, von fast allen Höhen des Hoch- und Südschwarzwalds aus sichtbare Kamm des Belchen neigt sich ins Wiesental. Bequemer als auf Schusters Rappen lässt sich der Berg von der kleinen Gemeinde Aitern aus mit der Seilbahn erklimmen, aus deren Gondeln man schon mal das Bergpanorama genießen kann.

DIE UNTER NATURSCHUTZ stehenden Bergwiesen auf der Belchen-Kuppe mit Gipfelkreuz bieten eine überragende Aussicht auf weite Teile von Süd- und Hochschwarzwald, auf die Rheinebene mit dem Kaiserstuhl und zu den Namensvettern im Dreiländereck: Großer Belchen (französisch Grand Ballon), Elsässer Belchen (Ballon d'Alsace) und Kleiner Belchen (Petit Ballon) in den Südvogesen sowie Belchenflue im Schweizer Jura. Bei winterlichen Inversionslagen schweift der Blick über den Jura hinweg bis zu den Alpen. Auch die felsendurchsetzten Flanken bieten einmalige Ausblicke.

DER BELCHEN befindet sich am Knotenpunkt verschiedener Landschaftsformen, an denen er jeweils Anteil hat. Im Nordwesten erstreckt sich der Breisgau mit der Universitätsstadt Freiburg, im Südwesten weiten sich die Rebfluren des Markgräflerlandes, das weitläufige Feldbergmassiv im Nordosten markiert den höchsten Punkt des Hochschwarzwalds und der deutschen Mittelgebirge, im Südosten befinden sich die Täler und Höhenzüge des Hotzenwaldes auf dem Gebiet der ehemaligen Reichsabtei Sankt Blasien.

UNTER DEN ZAHLREICHEN Belchen-Bergen und -Orten im Schwarzwald, in den Vogesen und im Schweizer Jura haben die fünf höchsten Belchen-Gipfel sagenhafte Berühmtheit erlangt als mutmaßliche Sonnen-Beobachtungsstätten eines vorgeschichtlichen Kalendersystems. Die Namen dieser Berge gehen auf die indoeuropäische Silbe ›bel‹ = ›glänzen, strahlen, brennen‹ zurück, von der sich der lateinische Name des keltischen Gottes Bel[enus] ableitet; Bel[enus] wurde von den Römern als ›keltischer Apoll‹ interpretiert. Von den fünf höchsten Belchen-Bergen (die französische Bezeichnung ›Ballon‹ ist eine relativ junge Wortschöpfung, die sich auf die kuppel- bzw. ballonförmigen Rundungen dieser Berge bezieht) lassen sich an den Hauptwendepunkten des Jahres die Sonnenauf- und -untergänge jeweils über einem der anderen Belchen beobachten. Deshalb gehen Forscher davon aus, dass die Belchen-Berge von der Jungsteinzeit bis in gallorömische Zeit als Sonnenbeobachtungs- und -kultstätten fungiert haben. Lehrtafeln auf dem Ballon d'Alsace erläutern die astronomischen Zusammen-

MÄRCHENHAFTE SZENERIE: Bei Inversionslage verhüllt Nebel die Täler unterhalb des Belchen.

IN KÜRZE

LAGE Baden-Württemberg, Naturpark Südschwarzwald, am Schnittpunkt der Gemeinde Münstertal im Landkreis Breisgau-Hochschwarzwald sowie der Gemeinde Kleines Wiesental und dem Gemeindeverwaltungsverband Schönau im Landkreis Lörrach

HÖHE 1414 m

ZUGANG Belchen-Seilbahn ab Belchenhotel »Jägerstüble« in Aitern, Obermulten 3

INFO Belchenland Tourismus
Gentnerstr. 2
79677 Schönau im Schwarzwald
Tel. 07673 91 81 30
www.schwarzwaldregion-belchen.de

SCHATZSUCHE
Im Naturpark Südschwarzwald können sich Groß und Klein im Geocaching, der auch ›GPS-Schnitzeljagd‹ genannten Schatzsuche, versuchen.

Im Sommer werden am Belchen jeden zweiten Sonntag Sonnenaufgangswanderungen veranstaltet: Sie beginnen in der magischen Dämmerung vor Tagesanbruch, der Zeit der Feen. Nach ca. eineinhalb Stunden ist man oben, wo es nach dem Sonnenaufgang im Panoramarestaurant »Belchenhaus« ein üppiges Frühstücksbuffet mit Alpenblick gibt. Zurück ins Tal geht es dann bequem mit der Belchen-Seilbahn.

hänge. Der Elsässer Belchen 73 km westlich des Schwarzwälder Belchens war damals der zentrale Beobachtungspunkt im Belchen-Fünfeck. Zur Frühjahrs- und zur Herbst-Tagundnachtgleiche ist auf dem Elsässer Belchen zu beobachten, wie die Sonne über dem Schwarzwälder Belchen aufgeht, umgekehrt ist am Abend der Tagundnachtgleichen auf dem Schwarzwälder Belchen zu sehen, wie die Sonne hinter dem Elsässer Belchen versinkt. Frühaufsteher können dieses Phänomen auch heute noch an den entsprechenden Tagen genießen.

DER ›KÖNIG DES SCHWARZWALDS‹ liegt im Südwesten des Naturparks Südschwarzwald. Der 2000 gegründete Naturpark befindet sich in der sonnenverwöhntesten Region Deutschlands zwischen dem Kaiserstuhl-Vulkan an der Grenze zu Frankreich und dem Hochrheintal an der Grenze zur Schweiz, zwischen der Wutachschlucht, dem ›Grand Canyon‹ Südwestdeutschlands, und den Triberger Wasserfällen. Von spektakulären Felsszenerien und Wildwasserbächen in Schluchten spannt sich der Bogen seiner Naturparadiese zu den Pflanzenoasen auf Feldberg, Herzogenhorn und Belchen, von Urwäldern, romantischen Seen und den Quellen der Donau bis hin zu Wallfahrtsorten mit Alpenblick. Der Park ist zugleich ein Kulturparadies, in dem sich im ›Dreiländereck‹ Deutschland, Frankreich und die Schweiz facettenreich begegnen.

DER LUFTKURORT Münstertal liegt am Nordwestfuß des Belchenmassivs in einem Gebirgstal, aus dessen Wiesen der Neumagen in die Staufener Bucht hinausfließt. Seine Sohle befindet sich auf nur etwa 400 m über Normalnull, während der Belchen das Tal um 1000 steile Höhenmeter überragt und entsprechend fulminante Blicke in die Weite und die Tiefe gewährt. Einen Besuch lohnt das dortige Kloster Sankt Trudpert, die älteste rechtsrheinische Benediktiner-Niederlassung am Oberrhein. Als malerischer, einzeln stehender Gebäudekomplex schmiegen sich die vom habsburgischen Baumeister Peter Thumb (1738–1749) errichteten Barockgebäude in den Wiesenhang zu Füßen des Belchen-Massivs. Während der Napoleonischen Kriege wurde das Kloster 1806 aufgehoben, seit 1920 befindet es sich im Besitz einer im Elsass gegründeten Schwesterngemeinschaft, die hier in einer Oase der Stille wirkt und Gäste begrüßt, die zur Ruhe kommen, Kraft schöpfen, zu sich selbst und zu Gott finden wollen (www.kloster-st-trudpert.de). Im frühen Mittelalter war das Kloster im Übrigen sehr reich, da es die Grundherrschaft über das Talgebiet besaß und sich auch im Besitz der damals noch ertragreichen Silberbergwerke befand. Heute ist es Ausgangspunkt eines Wanderwegs auf den Belchen: Wo der Pfad oben im Steilhang durch die Wälder führt, lädt eine Bank an »Sankt Trudperts Brünnele« zur Rast ein. ■

DIE LEGENDE VOM HL. TRUDPERT Benannt ist das im Münstertal gelegene Kloster St. Trudpert nach dem iroschottischen Benediktiner Trudpert, der im Jahr 604 aus dem damals schon vergleichsweise zivilisierten Elsass ins Tal des Flusses Neumagen – das heutige Münstertal – wanderte und auf einem Hügel in der Wildnis am Fuß des Belchen-Massivs eine Einsiedelei gründete. Der Legende zufolge war seinen Knechten das Gebiet zu wild und einsam, und sie erschlugen den Mönch. So hat Trudpert die Kuppe des Bergs, zu dem er gewandert war und an dessen Fuß er sich niederlassen wollte, wohl nie betreten; 1698 wurde über der legendären Mordstätte die kuppelüberwölbte Sankt-Trudpert-Kapelle des Klosters errichtet.

OBEN Im Spätherbst und im Winter kann man an klaren Tagen vom Belchen die Alpengipfel sehen.

UNTEN Morgendlicher Nebel hüllt die Belchenflanke ein.

WANDERER-TRANSPORT BELCHENBUS UND SEILBAHN

Der Belchenbus ist der Wanderbus auf den Strecken rund um den Belchen. Vom Bahnhof Urmünstertal und von Schönau im Wiesental fährt er zur Talstation der Belchen-Seilbahn in Aitern-Multen. Deren Gondeln schweben in fünf Minuten die 300 m hoch zur Bergstation neben dem Gasthof »Belchenhaus«. Von dort führt ein Naturlehrpfad zum Belchengipfel, auf dem eine Orientierungstafel die Punkte im Blickfeld benennt.

OBEN Der Herzogstand spiegelt sich im ruhigen Wasser des Walchensees.

UNTEN Blick auf den Gipfel des Herzogstand. Links im Hintergrund der Kochel- und rechts der Walchensee.

GRÖSSTER GEBIRGSSEE DER WALCHENSEE

Der Walchensee ist mit einer Fläche von 16,4 km² der größte deutsche Gebirgssee. Er ist bei Seglern und Surfern ebenso beliebt wie bei Badegästen und gehört zu den saubersten Seen Oberbayerns. Das smaragdfarbene, glasklare Wasser hat Trinkwasserqualität, die Wassertemperatur liegt im Sommer durchschnittlich bei 18 bis 22 °C. An den vielen flachen Zonen am rundum begehbaren, unverbauten Ufer laden zahlreiche Kiesstrände zum Sonnen und Schwimmen ein: Badeplätze findet man in Walchensee, Urfeld und Einsiedl, auf der Halbinsel Zwergern, zwischen Urfeld und Sachenbach sowie am Walchensee-Südufer. Das Walchenseekraftwerk, das erste (1924 errichtete) große elektrische Speicherkraftwerk, nutzt den natürlichen Höhenunterschied zwischen Walchen- und Kochelsee.

39

LIEBLINGSBERG DER KÖNIGE
DER HERZOGSTAND IN OBERBAYERN

Hoch in den bayerischen Voralpen thront der Herzogstand, einer der ›Hausberge‹ Münchens. Eine grandiose Rundumsicht über Berge und Täler belohnt den, der sich vom Walchensee aufgemacht hat, um den Gipfel zu erklimmen.

Wegen der schönen Ausblicke, der raschen Erreichbarkeit mit der Seilbahn und der Gastronomie am Gipfel gehört der Lieblingsberg des bayerischen ›Bergsteigerkönigs‹ Maximilian II. und seines Sohns Ludwig II. zu den meistbesuchten Bergen der bayerischen Voralpen. Eine Fülle von Wandermöglichkeiten für unterschiedlichste Ansprüche wird hier geboten. Die meisten folgen dem Europäischen Fernwanderweg 4 und dem nach dem König benannten Maximiliansweg. Der Maximiliansweg ist Teil des Alpen-Fernwanderwegenetzes Via Alpina.

VOM GIPFEL ÜBERBLICKT man im Norden die oberbayerische Seenplatte, daran anschließend die Stadt München, die 75 km entfernt ist; im Osten die Benediktenwand, die Tegernseer Berge, Wilder Kaiser und Rofan; nach Süden hin die Tauern mit Großglockner und Venediger, das Karwendel über dem Walchensee; in der Lücke zwischen Karwendel und Wetterstein sind die Stubaier Gletscher (Grenze nach Italien) auszumachen. Im Südwesten liegt das Wettersteingebirge mit Dreitorspitze und Deutschlands höchstem Berg, der Zugspitze. Im Westen zeigen sich im Hintergrund die Ammergauer und Allgäuer Berge.

DIE HERZOGSTANDBAHN überwindet in vier Minuten 791 Höhenmeter von der Talstation in Walchensee zur Bergstation am Fahrenbergkopf. Während der Schwebefahrt mit der Kabinenbahn bietet sich ein Blick auf den grünblau schimmernden Walchensee, einen der tiefsten (über 192 m) und größten deutschen Gebirgsseen (16,4 km^2).

VON DER SEILBAHNBERGSTATION führt der bequeme ›Panoramaweg‹ zum ganzjährig bewirtschafteten Herzogstandhaus, an dem der Weg zum Herzogstandgipfel und zum Heimgarten beginnt. Die Gratwanderung vom Herzogstand zum Heimgarten ist eine der schönsten Wanderungen der Alpen sowie Teil des Europäischen Fernwanderwegs 4 und des Maximiliansweges.

MAXIMILIAN II. ließ 1857 auf dem Herzogstand ein Jagdhaus errichten und 1859 einen Reitsteig zum Fahrenbergkopf anlegen. Sein Sohn Ludwig II. gab 1866 den Auftrag für ein eigenes Königshäuschen mit acht Zimmern oberhalb des Jagdhauses und für die Ausschmückung der umliegenden drei Gipfel mit Pavillons, um auch bei Regen trockenen Fußes das Panorama genießen zu können. Nach dem plötzlichen Tod des ›Märchenkönigs‹ im Starnberger See gingen die Berghäuser in die Pacht des Alpenvereins über. 1896 schlug in die Jagdhütte von Maximilian II. der Blitz ein, sie wurde ein Opfer der Flammen. 1990 brannten auch das Herzogstand-, das Bettenhaus und das ehemalige Königshaus bis auf die Grundmauern nieder und wurden nicht mehr rekonstruiert; stattdessen wurde 1992 in der Nähe des alten das heutige Herzogstandhaus in 1575 Metern Höhe errichtet.

IN KÜRZE

LAGE Oberbayern, Landkreis Bad Tölz-Wolfratshausen, Gemeinde Kochel am See

HÖHE 1731 m

ZUGANG Parkplatz an der Talstation der Herzogstandbahn (809 m) in Walchensee, Ortsteil der Gemeinde Kochel am See

INFO Tourist Information Kochel am See
Bahnhofstr. 23
82431 Kochel am See
Tel. 08851 3 38
www.kochel.de
und
www.herzogstandbahn.de

40

INBEGRIFF DER HOCHROMANTIK
KÖNIGSSEE UND WATZMANN IN BAYERN

Der Königssee mit seinem einzigartigen Echo, das Bootsführer ihren Passagieren gern mit der Trompete demonstrieren, liegt eingebettet inmitten hoch aufragender Berge – eine Traumkulisse, die in zahllosen Filmen genutzt wurde.

Die Gipfel der Berchtesgadener Alpen sind Bergsteigern vorbehalten, der Königssee zu Füßen des Watzmann-Massivs jedoch ist allen zugänglich und damit auch der Blick zur Wallfahrtskirche Sankt Bartholomä und auf die Ostwand der Watzmann-Südspitze, die ›Bartholomäwand‹. Kein Wunder, dass diese Ansicht seit den Zeiten der Romantik in zahllosen Gemälden, Stichen und Radierungen dargestellt wurde und sich das Ensemble aus smaragdgrünem See, den Zwiebeltürmen des Gotteshauses und den in eisige Höhen himmelwärts strebenden Wandfluchten zum berühmtesten Motiv der bayerischen Alpen entwickelt hat. Nur wenn er vom See aus ›erschaut‹ wird, spricht der Watzmann in seiner legendären Sprache: Der Watzmann ›ruft‹.

DER FJORDARTIG schmale Königssee zwischen Watzmann, Jenner und Hagengebirge ist das Herzstück des Nationalparks Berchtesgaden, des ersten Alpen-Nationalparks (1978) und zweiten deutschen Nationalparks. Der smaragdgrüne See, dessen Wasser Trinkqualität hat, wird seit Königs Zeiten von umweltfreundlichen, leisen Elektro-Ausflugsbooten befahren, die an den Hauptausgangspunkten für leichte und schwierige Wanderungen anlegen. Von der Anlegestelle Königssee in Schönau mit Blick auf den westlich der Nordbucht aufragenden Grünstein fahren diese Ausflugsschiffe etwa jede halbe Stunde nach Sankt Bartholomä und weiter nach Salet Obersee. Es empfiehlt sich, früh auf den Beinen zu sein, denn bei schönem Wetter ist der See als Ausflugsziel sehr beliebt und es kann zu Wartezeiten an den Anlegestationen kommen. In der Saison, die von Ende April bis Mitte Oktober dauert, beginnt der Bootsverkehr bereits zwischen 8 und 9 Uhr.

DIE FAHRT von Königssee Seelände bis Sankt Bartholomä dauert etwa 35 Minuten. Die von Weitem sichtbare Wallfahrtskirche Sankt Bartholomä wurde 1134 auf dem halbinselartig in den Königssee hinausreichenden Schwemmkegel am Fuß der Watzmann-Ostwand errichtet. Im 17. Jh. erhielt sie ihre heutige Gestalt mit den roten Kuppeldächern. Dort beginnt als einer der schönsten Ausflüge die Wanderung zur Eiskapelle am Fuß der Watzmann-Ostwand, die etwa zwei Stunden dauert. Von der Nationalpark-Informationsstelle führt der Wanderweg aufwärts zur Waldkapelle der ›Wetterheiligen‹ Johannes und Paulus, verschmälert sich und leitet zuletzt über Geröll zum Eisgraben. Die Wanderung ist zwar nicht besonders schwierig, setzt aber gutes Schuhwerk voraus, weshalb von den vielen Ausflüglern, die hauptsächlich an den Uferwegen spazieren, hier nur noch eine Minderheit unterwegs ist.

DIE EISKAPELLE ist eine Eishöhle: An der Stirnseite eines ganzjährig existierenden, in seiner Größe wechselnden Firnfeldes befindet sich der gletschertorartige Eingang zu einer geräumigen, mehrere Meter hohen und Dutzende

DAS WATZMANN-MASSIV von Norden aus in der Morgensonne. Von links nach rechts erkennt man Watzmannfrau, Watzmannkinder und schließlich den mächtigen Großen Watzmann.

IN KÜRZE

LAGE Oberbayern, Landkreis Berchtesgadener Land, Gemeinde Schönau am Königssee

HÖHE Königssee 602 m

ZUGANG Bootsanleger Königssee (605 m) an der Nordbucht des Sees in Schönau am Königssee

INFO
Tourist Information am Königssee
Seestr. 3
83471 Schönau am Königssee
Tel. 08652 65 59 80
www.koenigssee.de

HÖCHSTE WAND
Die Ostwand der Südspitze des Watzmann ist mit 1800 m die höchste Wand der Ostalpen – sie wurde 1881 erstmals durchstiegen.

Lohnend ist der Abstecher zum Aussichtspunkt Malerwinkel: Von der Schiffsanlegestelle Seelände führt der Weg an historischen Bootshäusern und Schiffshütten vorbei zum Aussichtspunkt (Rundweg etwa 1 ½ Stunden, ca. 4 km und 100 Höhenmeter). Belohnt wird man durch einen herrlichen Blick über den Königssee nach Sankt Bartholomä und hinauf zum Steinernen Meer sowie zur Schönfeldspitze in Österreich.

von Metern tiefen Höhle, deren Form und Größe sich im Wechsel der Jahreszeiten ständig verändern – einmal ist die Höhle kurz, dann wieder lang, bei anderer Witterung wird sie durchtost von Schmelzwassern, zuweilen kann sie trocken sein, und an anderen Tagen ist nicht einmal der Eingang zu finden. Genährt wird das Firnfeld durch den Lawinenschnee der Watzmann-Ostwand. Das Betreten dieser ›Eiskapelle‹ ist lebensgefährlich, da die Höhle vor allem während der Schneeschmelze und bei sommerlichen Temperaturen jederzeit in sich zusammenstürzen kann. Vor langer Zeit hat sich doch jemand hineingewagt. Die erste bekannte Begehung erfolgte 1797 durch den Gelehrten Wilhelm von Humboldt und den Geologen Leopold von Buch. Wie Humboldt berichtet, ließen sich die beiden über den Königssee zum Wallfahrtsort Sank Bartholomä rudern und stiegen dann – es ist dieselbe Route wie heute – im Dolomit des Eisgrabentals auf: »Hier in einem Winkel zwischen den abgeschnittenen zwei- und dreitausend Fuß hohen Felsen rinnt der Bach dieses Thals aus einem prächtigen Eisgewölbe hervor, das der Witterung trotzend sich immerwährend erhält. Ein dämmerndes Licht erhellte das Innere; tropfen- und stromweis kamen Bäche von der hohen Decke herab, aus kleinen Öffnungen in milchweißem, durchscheinendem opalähnlichem Eise.« Rund 175 m tief begaben sich die Forscher in die Eiskapelle.

VON SALET an der Südspitze des Sees, der Endstation der Elektroboote, erreicht man das zweite herausragende Ausflugsziel am Königssee, den Röthbachfall, der in zwei Stufen knapp 400 Meter durch den Talschluss über dem Obersee herabtost. Von der Schiffsanlegestelle Salet führt der Weg am kleinen Mittersee vorbei zum Obersee. Gesteinstrümmer zeugen von einem Bergsturz, der den glasklaren Obersee (613 m) vom Königssee abtrennt. Am Südufer des Obersees führt der Wanderpfad, der sich zwischendurch vorübergehend in einen drahtseilgesicherten Steig verwandelt, stellenweise hoch über dem Wasserspiegel weiter zur Fischunkelalm, die im Sommer bewirtschaftet ist. Hier bietet sich ein schöner Blick zurück über den See hinweg zum Watzmann. Am oberen Ende der Alm taucht der schmale Weg schließlich in den Wald ein und führt noch gut 20 Minuten aufwärts, ehe man den durch die Felswand brausenden Röthbachfall hört und sieht.

DER WATZMANN, der zentrale Bergstock der Berchtesgadener Alpen, gerät auf allen Wegen immer wieder in den Blick. Die schon von Berchtesgaden aus zu beobachtenden ›Watzmanngesichter‹ mit König Watzmann, der Königin und ihren sieben Kindern sind die bekanntesten Berggesichter der Alpen und tief verwurzelt in der Welt der Sagen. Mit bis zu 2713 m Höhe ist der Watzmann Deutschlands zweithöchstes Gebirgsmassiv nach dem Wettersteingebirge mit der Zugspitze; die Watzmann-Ostwand ist mit 1800 m die höchste Bergwand der Ostalpen. Die Watzmann-Gipfel sind, von Berchtesgaden aus gesehen, rechts die Mittelspitze (2713 m) alias König Watzmann, links der Kleine Watzmann (2307 m) alias Watzmannfrau und zwischen den beiden die Watzmannkinder, von denen die Sage sieben kennt, während der Deutsche Alpenverein seit dem 19. Jh. von Ost nach West nur fünf Watzmannkinder zählte; ein kürzlich erschienener Alpenvereinsführer »Berchtesgadener Alpen alpin« präsentierte ein sechstes Watzmannkind. Wie groß die Familie letztlich sein mag, kümmert den von der faszinierenden Kulisse begeisterten Wanderer wenig – für ihn ist es kein Thema, er (oder sie) genießt. ■

OBEN In Kürze erreicht das Elektroboot die Anlegestelle bei der Wallfahrtskapelle Sankt Bartholomä.

UNTEN Eingebettet zwischen den schroffen Berchtesgadener Alpen liegt der Königssee.

EINE WILDE FAMILIE DIE WATZMANN-SAGE

Die Sage gibt es in mehreren Varianten, die sich im Kern gleichen: Einst lebte vor Urzeiten ein rauer und wilder König, der Watzmann hieß. Er war sehr grausam und verbreitete Furcht und Schrecken. Menschliche Regungen waren ihm fremd, und Gleiches galt für sein nicht minder raues Weib und seine Kinder. Seine Lieblingsbeschäftigung war die Jagd. Als er bei einer Jagd mit seinem Ross eine Bauernfamilie niedertrampelte, verfluchte ihn die Bäuerin, Gott möge ihn in Stein verwandeln. Gott hatte ein Einsehen und erfüllte ihren Wunsch. Die Erde tat sich unter fürchterlichem Getöse und wildem Heulen auf, Feuer schoss aus dem Abgrund und verwandelte den König und seine Familie in Stein. Im Übrigen: Die ›Familienansicht‹ der Gebirgsgruppe ergibt sich am deutlichsten von Norden aus.

60 DER OBERSEE ist ein kleiner See im Südosten des Königssees, der von der Anlegestelle Salet aus erreicht werden kann. Von hier aus führen Wege zur Fischunkelalm und zum Röthbachfall.

Bildinfos: Seite 1: Allee im Altmühltal; Seiten 4/5: Titisee, Seiten 8/9: Basteibrücke (Sächsische Schweiz); Seiten 10/11: Leuchtturm bei List auf Sylt; Seiten 12/13: Schwarzwald bei Triberg; Seiten 14/15: Saarschleife

Seite 189: Schambachtal, ein Seitental der Altmühl in Bayern; Seiten 190/191: Strand bei Norddorf am Kniepsand von Amrum

BILDNACHWEIS

Adobe Stock: S. 81 o. (Beatnerk); 180 o. (ComtesseDionaea); 85 u. r. (europhotos); 180 u. (Hans Seidl); 162 (kirchbach.st.); 132 (LianeM); 52 (rsester); 129 l. (Sashpictures); 150 M. r., 174 (thomasw20); 82 (VRD)

DuMont Bildarchiv: S. 88, 41 M. l., 41 M. r., 74, 77 u. l., 77 M., 106 M., 115 M., 134 (Ernst Wrba); 86 o., 86 u. r., 89 u., 133 u. (Johann Scheibner); 84, 85 M. l., 85 u. l., 128 l. (Jörg Axel Fischer); 154 (K.-H. Raach); 62 o. l., 62 M. , 72, 73 o. r., 73 M., 73 M. r. (Karl Johaentges); 92, 95 M., 95 o., 111 M. r., 147 u. r. (Katja Kreder); 35 o., 35 M. l., 35 M. r., 43 l., 86 u. l. (Kay Maeritz); 59 M., 94 (Markus Heimbach); 116 u.l., 118, 119 u. r. (Markus Hilbich); 26, 41 u. r., 77 o., 77 u. r., 123 u. l., 125 l. (Martin Kirchner); 106 o. r., 106 o. l., 116 o., 116 u.r., 119 o. (Michael Marczok); 115 o. l. (Mike Schröder); 115 o. r., 143 (Peter Hirth); 53 u. r., 62 o. r., 101 o. r. (Rainer Fieselmann); 80 (Rainer Hackenberger); 67 o., 67 u., 100, 101 u., 178 (Ralf Freyer); 137 M. r., 137 M., 137 o. l., 137 o .r., 137 M. l., 189 (Ralph Lueger); 59 u., 95 M., 147 M. (Reinhard Eisele); 90 u.l., 90 u. r., 140, 140 u. (Reinhard Schmid); 108, 111 M., 163 o., 163 u. (Roland E. Jung); 23 o. l., 23 o. r., 23 M. r., 23 u., 67 u. l., 73 o., 73 M. l., 85 M. r., 111 o. l., 115 u., 150 o. r., 150 u., 152, 155 o., 155 u., 156, 158, 159 u., 159 M., 159 o. (Sabine Lubenow); 106 u., 120 o., 120 u., 122, 123 u. r., 123 o., 123 M., 124 r., 124 l. (Synnatschke Photografie); 45 l., 45 M. (Thomas Haltner); 41 u. l., 76, 89 o. (Thomas Härtrich); 61, 105 M. l., 136, 146, 147 u. l., 147 o., 150 M., 185 u. (Thomas P. Widmann); 90 o. (Thomas Schulze); 85 o., 133 u. l. (Udo Bernhart)

Huber Images: S. 144 (Bernd Römmelt); 7 o., 126/127 (Cornelia Dörr); 10/11, 68/69 (Francesco Carovillano); 101 o. l. (Fritz Mader); 18 o. r., 43 l. (Gerolimetto C.); 60, 128 l., 129 r. (Günther Gräfenhain); 14/15 (Hans-Peter Merten); 32, 35 u., 150 o. l., 170, 173 o. (Hans-Peter Szyszka); 31 u. (Klaes Holger); 186/187 (Mackie Tom); 98 (Manfred Mehlig); 7 u. r., 38, 41 o., 42 r., 49 o.l., 49 o. r., 62 u., 73 u., 96/97, Rücktitel o. r. (Reinhard Schmid); 148/149 (Rudolph Leimer); 101 M. (S. Mezzanotte); 49 u., 150 u. r., 176, 179 o., 179 u. (Spiegelhalter)

iStock.com: S. 81 M. (Alexander Briel Perez); 58 (Anne Kreutzer-Eichhorn); 16 (Bart Broek); 34 (Bill Grave); 114 (Daniel Lafor); 18 M. l., 23 M. l. (Megan Lorenz)

Karl W. Koch: S. 62 M. l., 66

laif: S. 18 M., 35 M., 106 M. l., 137 u. (Andreas Hub); 169 o. (Babovic); 125 r. (Clemens Zahn); 53 o. (Emmler); 18 u. l., 20 (Frank Siemers); 6 u. l., 18 o. l., 41 M., 150 M. l., 169 u. (Gerhard Westrich); 6 u. r., 36/37 (Gregor Lengler); 27 u. (Katja Hoffmann); 18 M. r., 24 (Martin Kirchner); 142 (Tobias Gerber)

Lookphotos: Titel, S. 1, 105 o. r. (Andreas Strauss); 46 (Daniel Schoenen); 166 (H.-D. Zielske); 31 M. , 78 (Heinz Wohner); 105 u. (Ingrid Firmhofer); 22 (Konrad Wothe); 169 M. (Peter von Felbert); 28 (Terra Vista); 105 M. r. (Ulli Seer); 62 M. r., 64 o. (Walter Schlesswohl)

Mauritius Images: S. 27 M. l., 160 (Andreas Vitting); 59 u. l., 105 o. l., 182 (Bernd Römmelt); 53 M. r. (Bernd Zoller); 102, 119 u. l., 133 M., 185 o. (Christian Bäck); 130 o. (Danita Delimont); 18 u. r., 44 r. (Dirk Funhoff); 56 (Hans Peter Merten); 27 M. r. (Harald Lange); 70 (Harald Schön); 112 (Jochen Tack); 27 o. l. Julie Woodhouse); 44 l., 45 r. (Jürgen Wackenhut); 30 (Klaus Werner Friedrich); 48, 53 u.l., 133 o. r. (Manfred Mehlig); 138 (Markus Keller); 104 (Otto Stadler); 140 o. l. (P. Widmann); 130 u. (Profimedia); 81 u. (Rainer F. Stensloff); 62 M. o. (Rainer Waldkirch); 49 M., 53 M. l. (Robert Knöll); 50, 54/55 (Stefan Arendt); 59 o. (Steve Vidler); 106 o. M., 140 M. (Udo Siebig); 140 o. r. (Walter G. Allgöwer); 42 l. (Westend 61)

picture-alliance: S. 40 (Artcolor); 184 (C. Huetter); 27 o. r. (Eckhard Herfet); 173 u. (euroluftbild.de)

Shutterstock.com: S. 4/5 (iceink); 6 o., 64 u. (martindeja); 8/9, Rücktitel o. l. (Mike Mareen); 6 M., 190/191, Rücktitel u. (Oliver Hoffmann); 7 u. l., 12/13 (Sergii Zinko)

Stiftung Preussische Schlösser und Gärten Berlin-Brandenburg: S. 164 (Michael Lüder)

TMV/Eisenack: S. 106 M. r., 111 u.

Tourismusverband FDZ: S. 111 o. r. (Uwe Engler)

www.ostsee-schleswig-holstein.de: S. 110, 111 M. l.

www.rothaarsteig.de: S. 31 o. l., 31 o. r. (Klaus-Peter Kappest)